JOËLLE SAVEY

Le POSTILLON

Le chant des escoliers

T.3

Glénat

Réalisation Partenaires
Dépôt légal mai 1992

3 MAI 1815...

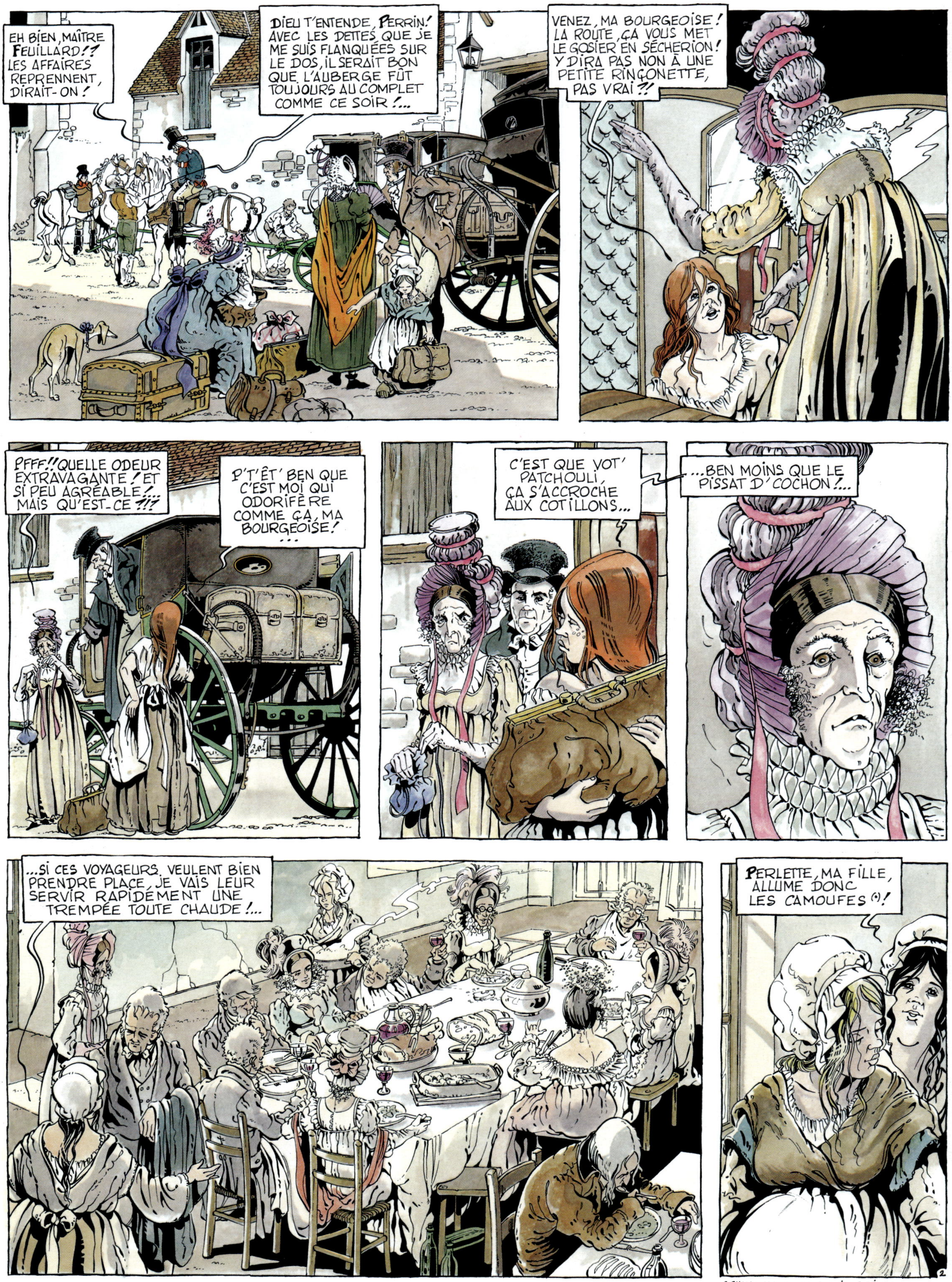

°CHANDELLES, EN PATOIS BRIARD -

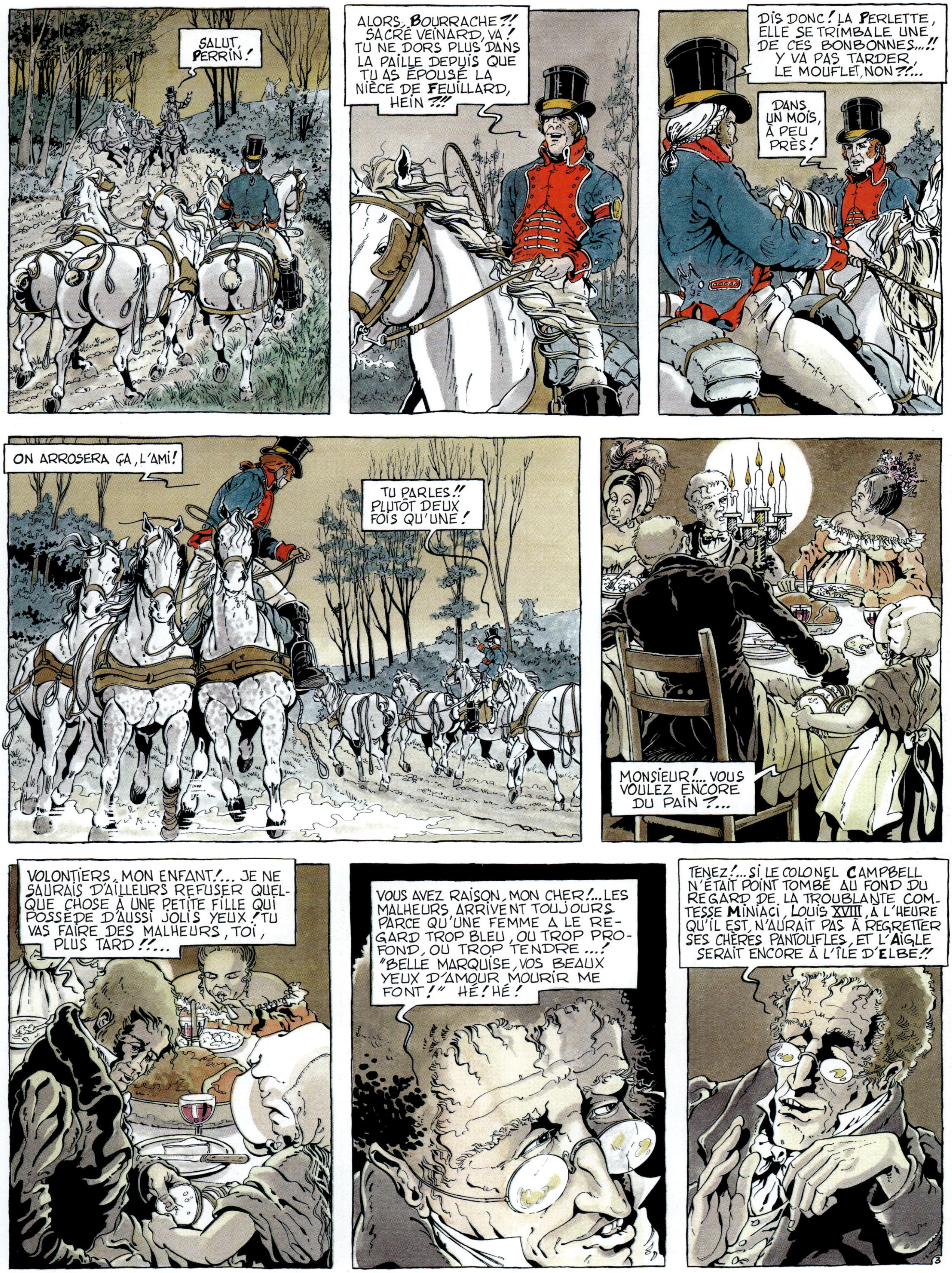
SALUT, PERRIN !
ALORS, BOURRACHE ?! SACRÉ VEINARD, VA ! TU NE DORS PLUS DANS LA PAILLE DEPUIS QUE TU AS ÉPOUSÉ LA NIÈCE DE FEUILLARD, HEIN ?!!
DIS DONC ! LA PERLETTE, ELLE SE TRIMBALE UNE DE CES BONBONNES...!! Y VA PAS TARDER, LE MOUFLET, NON ?!...
DANS UN MOIS, À PEU PRÈS !
ON ARROSERA ÇA, L'AMI !
TU PARLES !! PLUTÔT DEUX FOIS QU'UNE !
MONSIEUR !... VOUS VOULEZ ENCORE DU PAIN ?...
VOLONTIERS, MON ENFANT !... JE NE SAURAIS D'AILLEURS REFUSER QUELQUE CHOSE À UNE PETITE FILLE QUI POSSÈDE D'AUSSI JOLIS YEUX ! TU VAS FAIRE DES MALHEURS, TOI, PLUS TARD !...
VOUS AVEZ RAISON, MON CHER !... LES MALHEURS ARRIVENT TOUJOURS PARCE QU'UNE FEMME A LE REGARD TROP BLEU, OU TROP PROFOND, OU TROP TENDRE...! "BELLE MARQUISE, VOS BEAUX YEUX D'AMOUR MOURIR ME FONT !" HÉ ! HÉ !
TENEZ !... SI LE COLONEL CAMPBELL N'ÉTAIT POINT TOMBÉ AU FOND DU REGARD DE LA TROUBLANTE COMTESSE MINIACI, LOUIS XVIII, À L'HEURE QU'IL EST, N'AURAIT PAS À REGRETTER SES CHÈRES PANTOUFLES, ET L'AIGLE SERAIT ENCORE À L'ÎLE D'ELBE !!

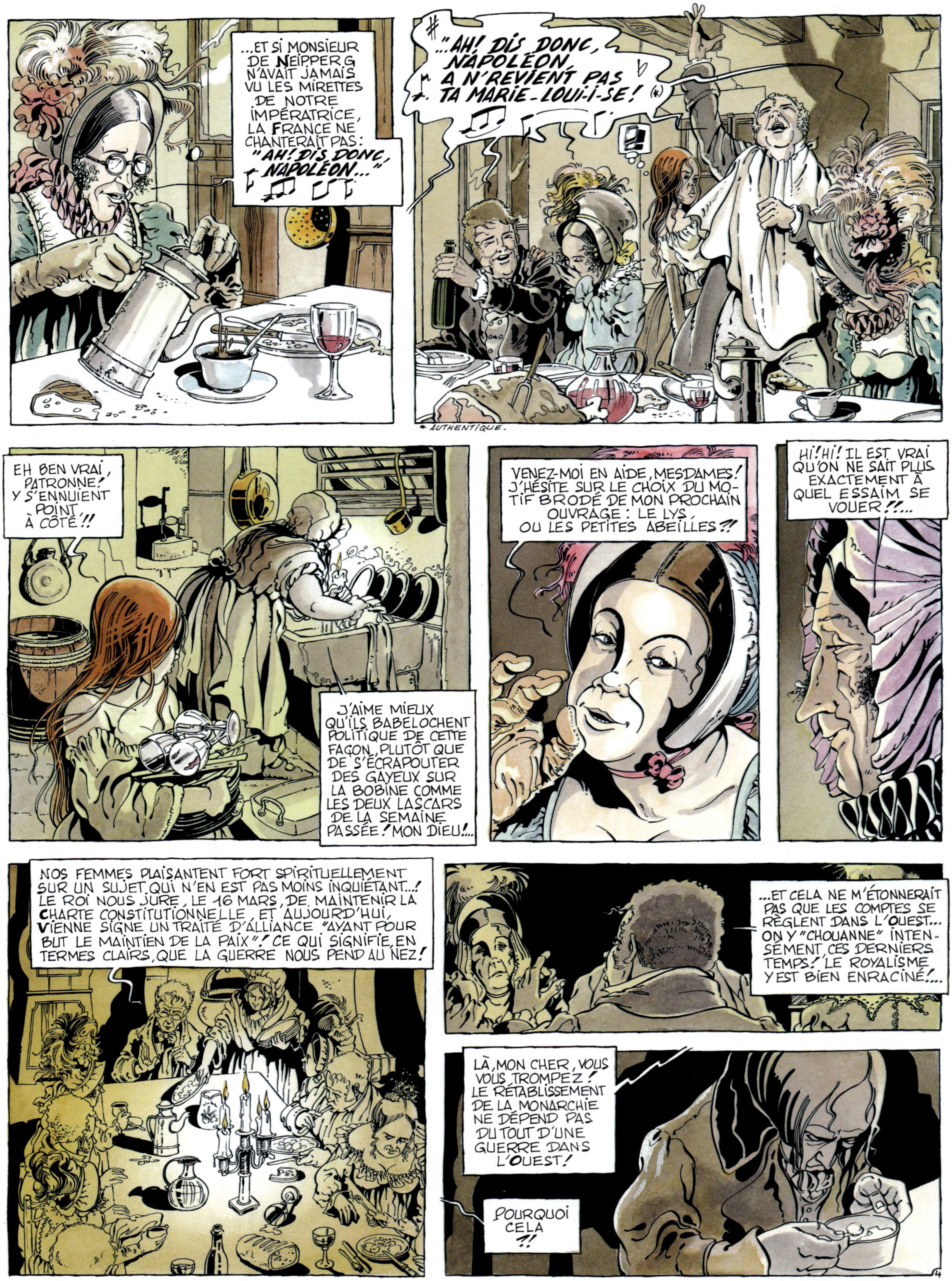
...ET SI MONSIEUR DE NEIPPERG N'AVAIT JAMAIS VU LES MIRETTES DE NOTRE IMPÉRATRICE, LA FRANCE NE CHANTERAIT PAS : "AH ! DIS DONC, NAPOLÉON..."
..."AH ! DIS DONC, NAPOLÉON, A N'REVIENT PAS TA MARIE-LOUI-I-SE ! (*)
* AUTHENTIQUE.
EH BEN VRAI, PATRONNE ! Y S'ENNUIENT POINT À CÔTÉ !!
J'AIME MIEUX QU'ILS BABELOCHENT POLITIQUE DE CETTE FAÇON, PLUTÔT QUE DE S'ÉCRAPOUTER DES GAYEUX SUR LA BOBINE COMME LES DEUX LASCARS DE LA SEMAINE PASSÉE ! MON DIEU !...
VENEZ-MOI EN AIDE, MESDAMES ! J'HÉSITE SUR LE CHOIX DU MOTIF BRODÉ DE MON PROCHAIN OUVRAGE : LE LYS, OU LES PETITES ABEILLES ?!
HI ! HI ! IL EST VRAI QU'ON NE SAIT PLUS EXACTEMENT À QUEL ESSAIM SE VOUER !!...
NOS FEMMES PLAISANTENT FORT SPIRITUELLEMENT SUR UN SUJET QUI N'EN EST PAS MOINS INQUIÉTANT...! LE ROI NOUS JURE, LE 16 MARS, DE MAINTENIR LA CHARTE CONSTITUTIONNELLE, ET AUJOURD'HUI, VIENNE SIGNE UN TRAITÉ D'ALLIANCE "AYANT POUR BUT LE MAINTIEN DE LA PAIX" ! CE QUI SIGNIFIE, EN TERMES CLAIRS, QUE LA GUERRE NOUS PEND AU NEZ !
...ET CELA NE M'ÉTONNERAIT PAS QUE LES COMPTES SE RÈGLENT DANS L'OUEST... ON Y "CHOUANNE" INTENSÉMENT, CES DERNIERS TEMPS ! LE ROYALISME Y EST BIEN ENRACINÉ !...
LÀ, MON CHER, VOUS VOUS TROMPEZ ! LE RÉTABLISSEMENT DE LA MONARCHIE NE DÉPEND PAS DU TOUT D'UNE GUERRE DANS L'OUEST !
POURQUOI CELA ?!

MAIS PARCE QUE L'INSURRECTION POURRAIT NUIRE À LA CAUSE ELLE-MÊME QU'ELLE VEUT SERVIR ! UNE FOIS ARMÉE, LA RACAILLE FOURNIRA À NAPOLÉON DES FORCES QUI LUI PERMETTRONT DE PROLONGER LA RÉSISTANCE CONTRE L'ÉTRANGER ! NON, NON, NON !!... SI L'ON DOIT DÉCIDER UNE FOIS DE PLUS DU SORT DES FRANÇAIS, C'EST DANS LE NORD QUE COULERA LE SANG !
Vive la nation
S'IL VOUS PLAÎT, AUBERGISTE !...
...MONSIEUR ?...
QUAND ON PENSE QUE LA HOLLANDE ET L'ANGLETERRE VIENNENT DE PRÊTER CENT MILLIONS AU BONAPARTE !! ALORS, ÇA... !
ASSEYEZ-VOUS !
?...
...ET, À QUEL TAUX ?! HUIT POUR CENT ! UNE DÉRISION !...
QUAND IL S'AGIT DE FAIRE RENTRER DE L'ARGENT DANS UN COFFRE, LES BANQUIERS S'EMPRESSENT D'OUBLIER LE SENS DU MOT "PATRIOTISME" !
PATRONNE !!
IL EST LÀ, MAÎTRE FEUILLARD ?!... LE FANFAN A LES TRANCHÉES ROUGES ! (*) IL A ROMPU SES LIENS, ET IL EST COUCHÉ, LÀ-DERRIÈRE, DANS LE PRÉ !
(*) COLIQUES DES CHEVAUX.
C'EST QUE... MON HOMME A L'AIR D'ÊTRE EN AFFAIRES AVEC UN VOYAGEUR !... ATTENDS !
"LE CHEVAL GRIS ET LE POIL DE LA BÊTE APPARTENANT À NISYTERAS LE AVIVE DE QUELQUE COULEUR QU'IL SOIT AUX TRANCHÉES ROUGES DE TRENTE-SIX SORTES D'AUTRES MAUX EN CAS QU'IL SOIT..."
"...DIEU TE GUÉRISSE ET LE BIENHEUREUX ST ÉLOI, AU NOM DU PÈRE, ET DU FILS, ET DU ST ESPRIT, AMEN."

AH! NOM DE DIEU!! 'MANQUERAIT PLUS À MON MALHEUR QU'IL TRÉPASSE, CE FRANC-LÀ!...
DU CALME, L'AUBERGISTE! JE M'EN OCCUPE...
TU VAS M'AIDER, POSTILLON! TU TIENDRAS LES MÂCHOIRES OUVERTES PENDANT QUE JE GLISSERAI CETTE POTION DANS LA BOUCHE...
VOUS ÊTES VÉTÉRINAIRE, MONSIEUR ?...
NON!... SI LA BÊTE N'EST PAS DEBOUT DANS UNE HEURE, APPELEZ-MOI... JE MONTE ME COUCHER.
QUI EST CET HOMME ?...
JE L'IGNORE!... MAIS IL VIENT DE ME PAYER GRASSEMENT POUR LOUER LA CHAISE DE POSTE ET MON MEILLEUR POSTILLON...
VOUS A-T-IL REMIS UNE COMMISSION SPÉCIALE EN BONNE ET DUE FORME ?!...
ME PRENDRAIS-TU POUR UN NIAIS ?! JE CONNAIS L'ARTICLE II DE LA LOI DU 9 DÉCEMBRE 1798 SUR LA POSTE AUSSI BIEN QUE TOI!! DANS MA SITUATION, IL SERAIT VRAIMENT RIDICULE DE L'ENFREINDRE!
CE N'EST PAS CE QUE J'AI VOULU SUPPOSER, MAÎTRE FEUILLARD! MAIS, CE PERSONNAGE... AH!... COMMENT VOUS DIRE ...?
TU PARS DEMAIN EN EXTRA-POSTE POUR LA BRETAGNE!
LA BRETAGNE ?! ÇA PUE LE BOURBON À PLEIN NEZ, CETTE AFFAIRE-LÀ!!

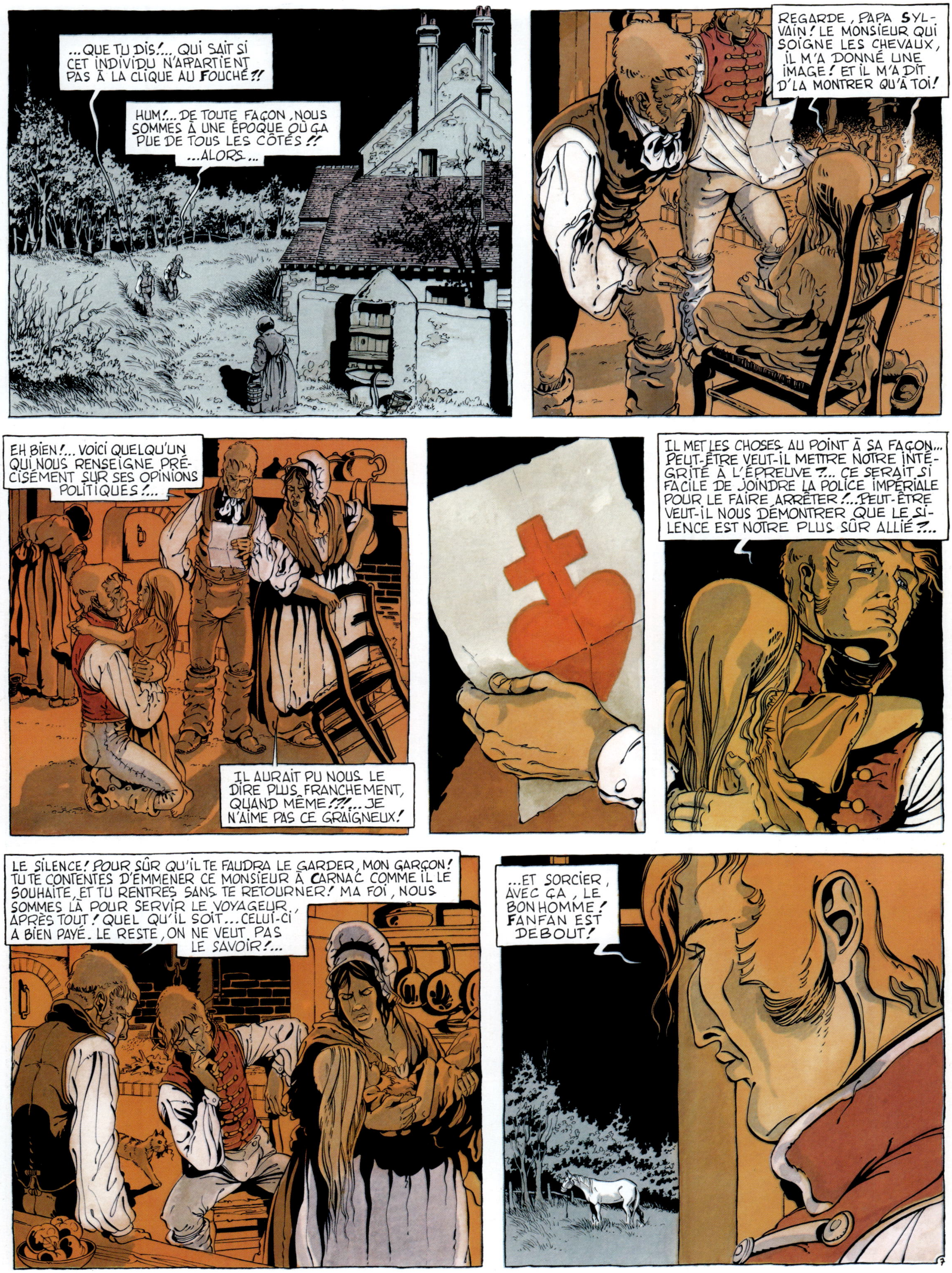

...QUE TU DIS!... QUI SAIT SI CET INDIVIDU N'APPARTIENT PAS À LA CLIQUE AU FOUCHÉ?!
HUM!... DE TOUTE FAÇON, NOUS SOMMES À UNE ÉPOQUE OÙ ÇA PUE DE TOUS LES CÔTÉS!! ...ALORS...
REGARDE, PAPA SYLVAIN! LE MONSIEUR QUI SOIGNE LES CHEVAUX, IL M'A DONNÉ UNE IMAGE! ET IL M'A DIT D'LA MONTRER QU'À TOI!
EH BIEN!... VOICI QUELQU'UN QUI NOUS RENSEIGNE PRÉCISÉMENT SUR SES OPINIONS POLITIQUES!...
IL AURAIT PU NOUS LE DIRE PLUS FRANCHEMENT, QUAND MÊME!?!... JE N'AIME PAS CE GRAIGNEUX!
IL MET LES CHOSES AU POINT À SA FAÇON... PEUT-ÊTRE VEUT-IL METTRE NOTRE INTÉGRITÉ À L'ÉPREUVE?... CE SERAIT SI FACILE DE JOINDRE LA POLICE IMPÉRIALE POUR LE FAIRE ARRÊTER!... PEUT-ÊTRE VEUT-IL NOUS DÉMONTRER QUE LE SILENCE EST NOTRE PLUS SÛR ALLIÉ?...
LE SILENCE! POUR SÛR QU'IL TE FAUDRA LE GARDER, MON GARÇON! TU TE CONTENTES D'EMMENER CE MONSIEUR À CARNAC COMME IL LE SOUHAITE, ET TU RENTRES SANS TE RETOURNER! MA FOI, NOUS SOMMES LÀ POUR SERVIR LE VOYAGEUR, APRÈS TOUT! QUEL QU'IL SOIT... CELUI-CI A BIEN PAYÉ. LE RESTE, ON NE VEUT PAS LE SAVOIR!...
...ET SORCIER AVEC ÇA, LE BONHOMME! FANFAN EST DEBOUT!

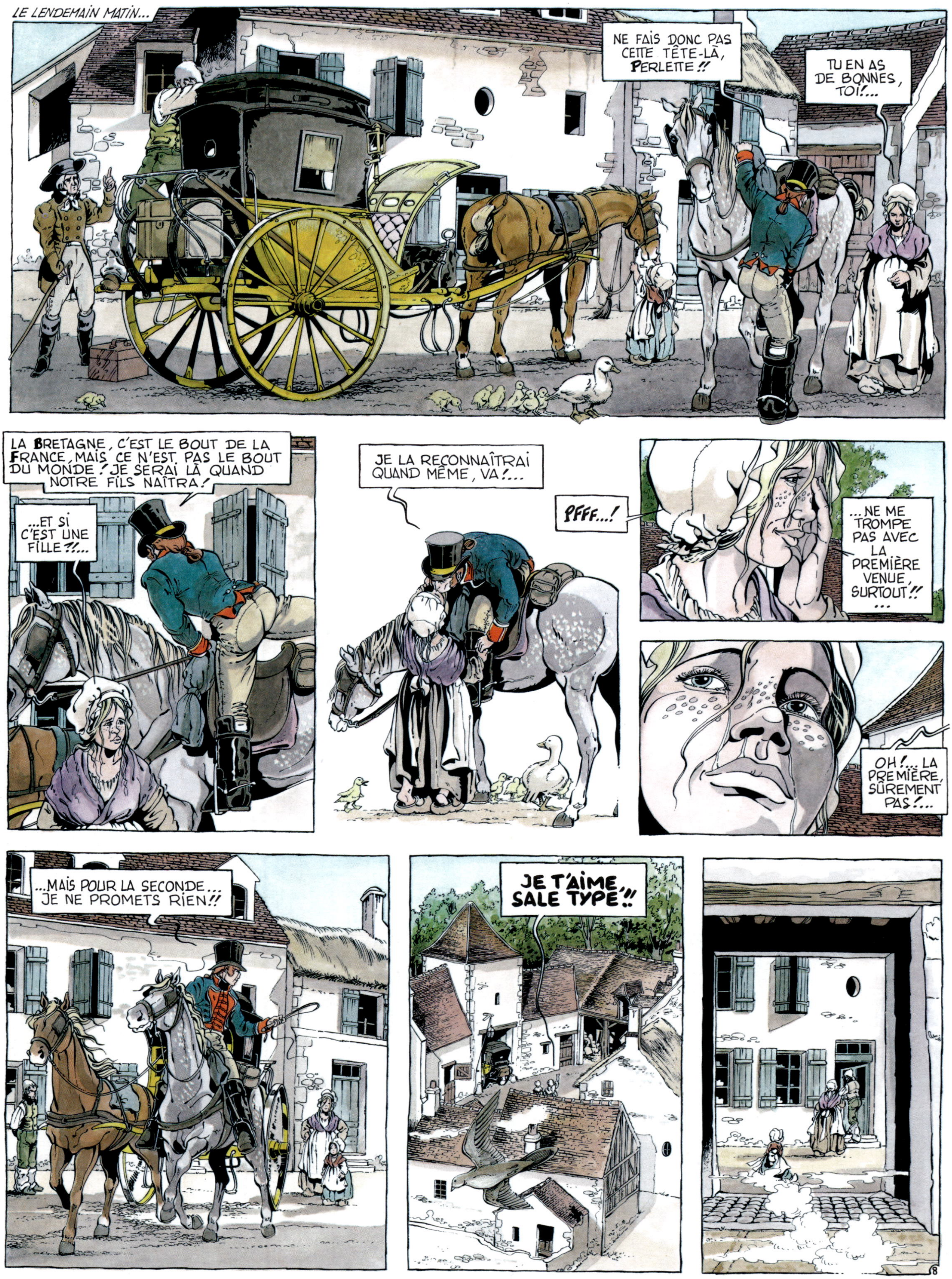
LE LENDEMAIN MATIN...
NE FAIS DONC PAS CETTE TÊTE-LÀ, PERLETTE !!
TU EN AS DE BONNES, TOI !...
LA BRETAGNE, C'EST LE BOUT DE LA FRANCE, MAIS CE N'EST PAS LE BOUT DU MONDE ! JE SERAI LÀ QUAND NOTRE FILS NAÎTRA !
...ET SI C'EST UNE FILLE ?!...
JE LA RECONNAÎTRAI QUAND MÊME, VA !...
PFFF...!
...NE ME TROMPE PAS AVEC LA PREMIÈRE VENUE, SURTOUT !!...
OH !... LA PREMIÈRE, SÛREMENT PAS !...
...MAIS POUR LA SECONDE... JE NE PROMETS RIEN !!
JE T'AIME, SALE TYPE !!

BONJOUR!
QUOI TU VAS ME DIRE, AUJOURD'HUI ?...
...AINSI QUE L'ENFANT, ILS NAÎTRONT SUR UN LIT DE FEUILLES SÈCHES...

Auberge
EN ROUTE, POSTILLON!
CE SOIR, TU AURAS TON LIT DE PAILLE!
MERCI, MONSIEUR...

PENSER À LA PAILLE... NE PENSER QU'À ELLE! ET NE PAS MÊME POUVOIR ALLER S'Y ÉTENDRE SANS L'AIDE DE DEUX COSTAUDS!...VOUS LE VOYEZ PRÈS DE VOUS, MANGER TRANQUILLEMENT SON AVOINE, CET ANIMAL SI DOUX ET SI PUISSANT À LA FOIS. SES GRANDS YEUX ONT L'AIR DE VOUS DIRE: "HOMME! SAIS-TU COMBIEN J'AI CONFIANCE EN TOI?..." MAIS EN FAIT, IL EST LÀ, DANS VOS TRIPES, ÉBRANLANT ENCORE VOTRE CARCASSE, ET VOUS SENTEZ TOUJOURS SOUS VOS CUISSES CE CORPS ROND ET CHAUD QUI DÉFORME VOS MEMBRES CHAQUE JOUR UN PEU PLUS...
MAIS IL EST DES PAYS SI BEAUX, QU'ILS VOUS FONT OUBLIER UN MOMENT LES SOUFFRANCES ENDURÉES...
...DES PAYS SI BEAUX, MAIS PARFOIS SI ÉTRANGES...

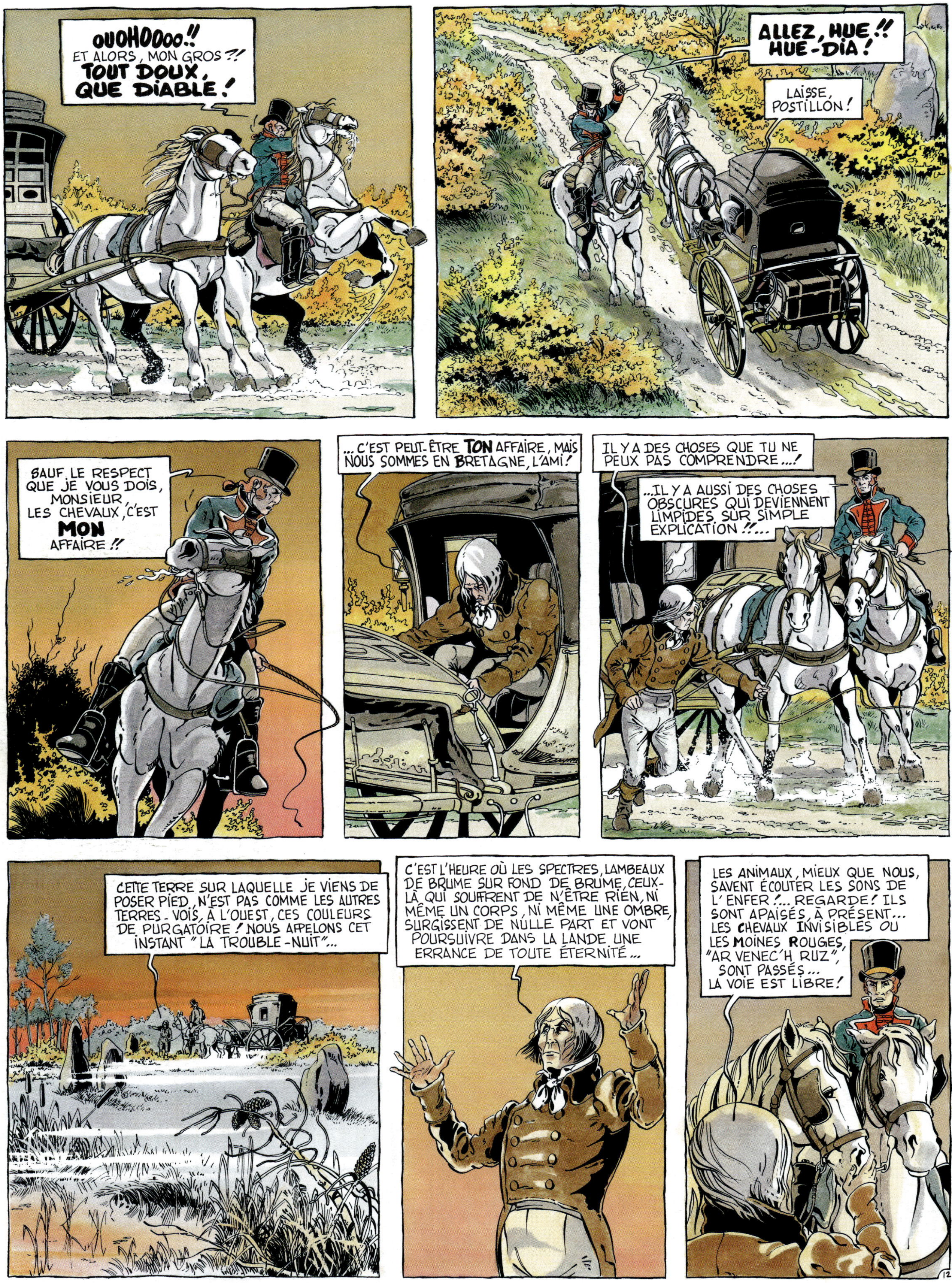
OUOHOOOO !!
ET ALORS, MON GROS ?!
TOUT DOUX, QUE DIABLE !
ALLEZ, HUE !! HUE-DIA !
LAISSE, POSTILLON !
SAUF LE RESPECT QUE JE VOUS DOIS, MONSIEUR, LES CHEVAUX, C'EST MON AFFAIRE !!
... C'EST PEUT-ÊTRE TON AFFAIRE, MAIS NOUS SOMMES EN BRETAGNE, L'AMI !
IL Y A DES CHOSES QUE TU NE PEUX PAS COMPRENDRE ... !
... IL Y A AUSSI DES CHOSES OBSCURES QUI DEVIENNENT LIMPIDES SUR SIMPLE EXPLICATION !!...
CETTE TERRE SUR LAQUELLE JE VIENS DE POSER PIED, N'EST PAS COMME LES AUTRES TERRES. VOIS, À L'OUEST, CES COULEURS DE PURGATOIRE ! NOUS APPELONS CET INSTANT "LA TROUBLE-NUIT"...
C'EST L'HEURE OÙ LES SPECTRES, LAMBEAUX DE BRUME SUR FOND DE BRUME, CEUX-LÀ QUI SOUFFRENT DE N'ÊTRE RIEN, NI MÊME UN CORPS, NI MÊME UNE OMBRE, SURGISSENT DE NULLE PART ET VONT POURSUIVRE DANS LA LANDE UNE ERRANCE DE TOUTE ÉTERNITÉ ...
LES ANIMAUX, MIEUX QUE NOUS, SAVENT ÉCOUTER LES SONS DE L'ENFER !... REGARDE ! ILS SONT APAISÉS, À PRÉSENT... LES CHEVAUX INVISIBLES OU LES MOINES ROUGES, "AR VENEC'H RUZ", SONT PASSÉS... LA VOIE EST LIBRE !
12

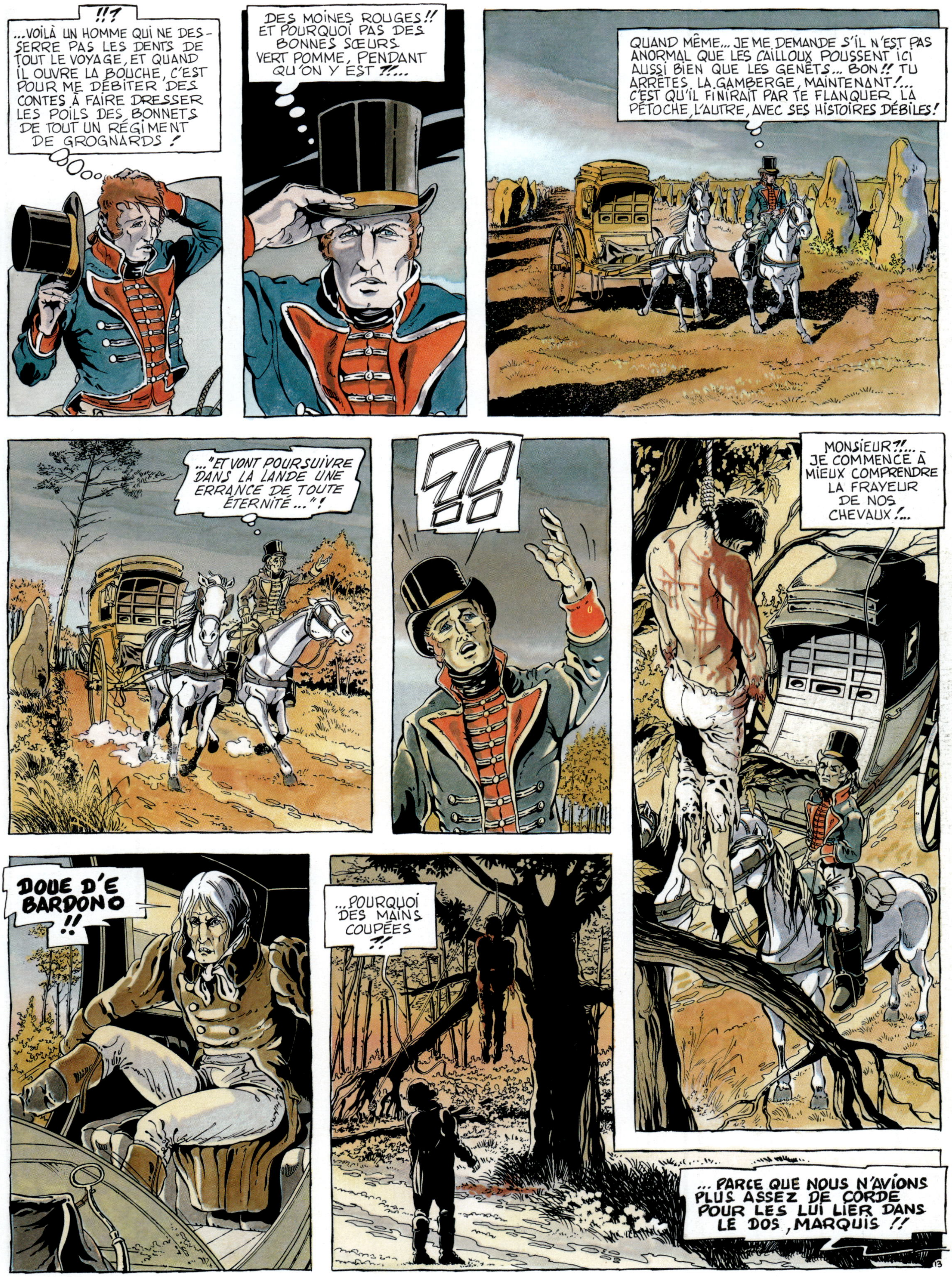
!!?
...VOILÀ UN HOMME QUI NE DESSERRE PAS LES DENTS DE TOUT LE VOYAGE, ET QUAND IL OUVRE LA BOUCHE, C'EST POUR ME DÉBITER DES CONTES À FAIRE DRESSER LES POILS DES BONNETS DE TOUT UN RÉGIMENT DE GROGNARDS !
DES MOINES ROUGES !! ET POURQUOI PAS DES BONNES SŒURS VERT POMME, PENDANT QU'ON Y EST ?!...
QUAND MÊME... JE ME DEMANDE S'IL N'EST PAS ANORMAL QUE LES CAILLOUX POUSSENT ICI AUSSI BIEN QUE LES GENÊTS... BON !! TU ARRÊTES LA GAMBERGE, MAINTENANT !... C'EST QU'IL FINIRAIT PAR TE FLANQUER LA PÉTOCHE, L'AUTRE, AVEC SES HISTOIRES DÉBILES !
..."ET VONT POURSUIVRE DANS LA LANDE UNE ERRANCE DE TOUTE ÉTERNITÉ..." !
??
MONSIEUR ?!... JE COMMENCE À MIEUX COMPRENDRE LA FRAYEUR DE NOS CHEVAUX !...
DOUE D'E BARDONO !!
...POURQUOI DES MAINS COUPÉES ?!
... PARCE QUE NOUS N'AVIONS PLUS ASSEZ DE CORDE POUR LES LUI LIER DANS LE DOS, MARQUIS !!

OLIVIER ?!
LUI-MÊME ! VOUS VOYEZ... VOTRE ABSENCE NE NOUS A PAS EMPÊCHÉS DE POURSUIVRE NOTRE ACTION COMME IL SE DOIT !
COMME IL SE DOIT ?!!... QUI EST CE MALHEUREUX ?!
CE "MALHEUREUX", AINSI QUE VOUS VOUS PLAISEZ À LE NOMMER, EST UN GENDARME... UN BLEU ! DEVIENDRIEZ-VOUS SENSIBLE, MONSIEUR LE MARQUIS ?!
QU'EST-CE QUE LA SENSIBILITÉ VIENT FAIRE LÀ-DEDANS ?! NOUS FAISONS LA GUERRE, MON JEUNE AMI ! UNE GUERRE POUR CONSERVER DES DROITS QUE NOUS POSSÉDONS DEPUIS 1532 ! SI NOS DÉPUTÉS NOUS ONT TRAHIS, UN JOUR, LORS DE LA RÉUNION DES ETATS GÉNÉRAUX, CE N'EST PAS UNE RAISON SUFFISANTE POUR QUE LES BRETONS DEVIENNENT DES BOUCHERS !
JE NE VEUX PAS D'UNE GUERRE SALE...
EN CE CAS, IL FAUDRA ME DÉVOILER LES SECRETS D'UNE GUERRE PROPRE !
NOUS AURONS TOUT LE TEMPS D'EN REPARLER CHEZ MADAME VOTRE MÈRE... EST-ELLE À KERHOSTIN, ACTUELLEMENT ?
ELLE VOUS Y ATTEND, MARQUIS ! FIDÈLE À SES DEVOIRS EN CES TEMPS DIFFICILES... ET TOUJOURS TRÈS PROCHE DE SES GENS !
BIEN SÛR, BIEN SÛR... JE CONNAIS SES BONTÉS POUR LES GENS DU PEUPLE...!
...POUR LES HOMMES, SURTOUT...
DOUE HA MA BRO !

KERHOSTIN, PRESQU'ÎLE DE QUIBERON, 20 MAI 1815...
SI MONSIEUR LE MARQUIS VEUT BIEN SE DONNER LA PEINE DE ME SUIVRE...
MADAME LA COMTESSE EST AU PREMIER ÉTAGE, ET...
OUI ! C'EST BIEN... J'IRAI SEUL...
QUELQUE CHOSE NE VA PAS, MONSIEUR ?...
LAISSEZ-MOI !!
15

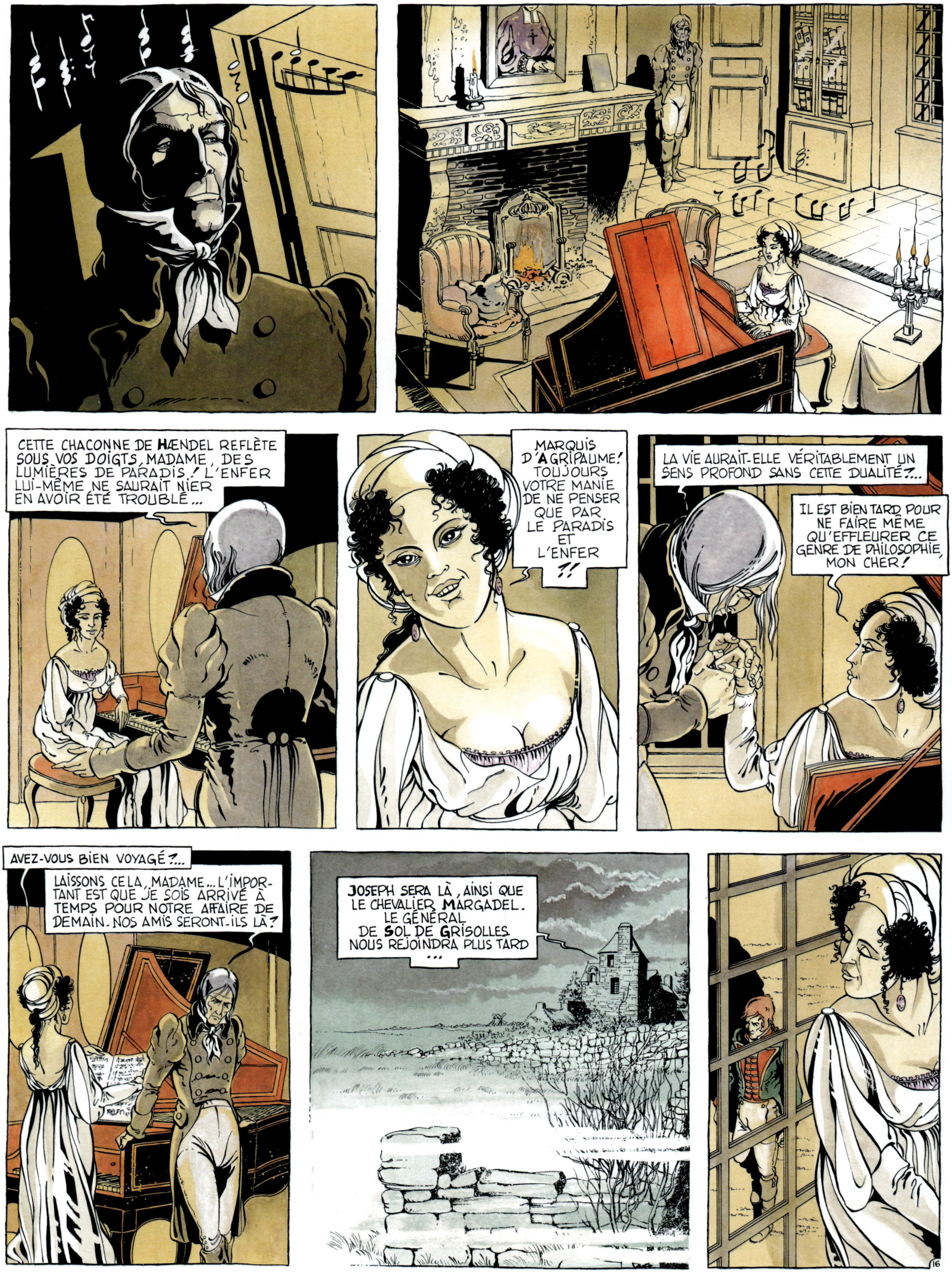
CETTE CHACONNE DE HÆNDEL REFLÈTE SOUS VOS DOIGTS, MADAME, DES LUMIÈRES DE PARADIS ! L'ENFER LUI-MÊME NE SAURAIT NIER EN AVOIR ÉTÉ TROUBLÉ...
MARQUIS D'AGRIPAUME ! TOUJOURS VOTRE MANIE DE NE PENSER QUE PAR LE PARADIS ET L'ENFER ?!
LA VIE AURAIT-ELLE VÉRITABLEMENT UN SENS PROFOND SANS CETTE DUALITÉ ?...
IL EST BIEN TARD POUR NE FAIRE MÊME QU'EFFLEURER CE GENRE DE PHILOSOPHIE, MON CHER !
AVEZ-VOUS BIEN VOYAGÉ ?...
LAISSONS CELA, MADAME... L'IMPORTANT EST QUE JE SOIS ARRIVÉ À TEMPS POUR NOTRE AFFAIRE DE DEMAIN. NOS AMIS SERONT-ILS LÀ ?
JOSEPH SERA LÀ, AINSI QUE LE CHEVALIER MARGADEL. LE GÉNÉRAL DE SOL DE GRISOLLES NOUS REJOINDRA PLUS TARD...
16

LE LENDEMAIN, EN FIN D'APRÈS-MIDI...
ALORS, GENTIL POSTILLON?! ON OUVRE DÉJÀ UN ŒIL?!
...HUHH?... IL FAUDRA POURTANT BIEN QUE J'OUVRE LES DEUX SI JE VEUX T'ADMIRER PLEINEMENT, MA BELLE!
OOOHH...! J'AI BIEN DORMI!...
POUR ÇA...! J'AI RAREMENT VU QUELQU'UN DORMIR PLUS DE DIX-HUIT HEURES D'AFFILÉE!!
HEIN?!
VIENS! UN GRAND BOL DE SOUPE ET UNE PROMENADE FINIRONT DE TE RÉVEILLER!...JE M'APPELLE ANNAIG LE TURLANDEC! ET TOI?
JASMIN BOURRACHE...
BOURRACHE?! QUEL DRÔLE DE NOM!!
ET CEPENDANT... DEPUIS MA NAISSANCE, C'EST AINSI! IL ME SUIT PARTOUT!

ASSIEDS-TOI! MA MÈRE VA TE SERVIR!
AC'HANTA, MAMM! RO UR BANNAC'H SOUBENN DOMM DA HEMAÑ YAOUANK 'TA!
VOUS... VOUS DORMEZ DANS DES PLACARDS?...
DANS DES PLACARDS?!?
EST-IL BÊTE, CET HOMME-LÀ!! CE SONT NOS LITS, VOILÀ TOUT!
MAIS VOUS NE POUVEZ MÊME PAS VOUS Y ÉTENDRE!...
LA POSITION COUCHÉE N'APPARTIENT PAS AUX VIVANTS...
ON EST BIEN SUPERSTITIEUX, DANS CETTE RÉGION!
CE N'EST PAS DE LA SUPERSTITION, MONSIEUR!!!
C'EST QUOI, ALORS?...
LA BRETAGNE EST TELLEMENT PARTICULIÈRE, JASMIN! ELLE EST SI DIFFÉRENTE DE TON PAYS ET DES AUTRES PAYS! ICI, DEUX MONDES S'ACCOMMODENT L'UN DE L'AUTRE: LE VISIBLE ET L'INVISIBLE. ET NOUS, BRETONS, EN AVONS PLEINEMENT CONSCIENCE...

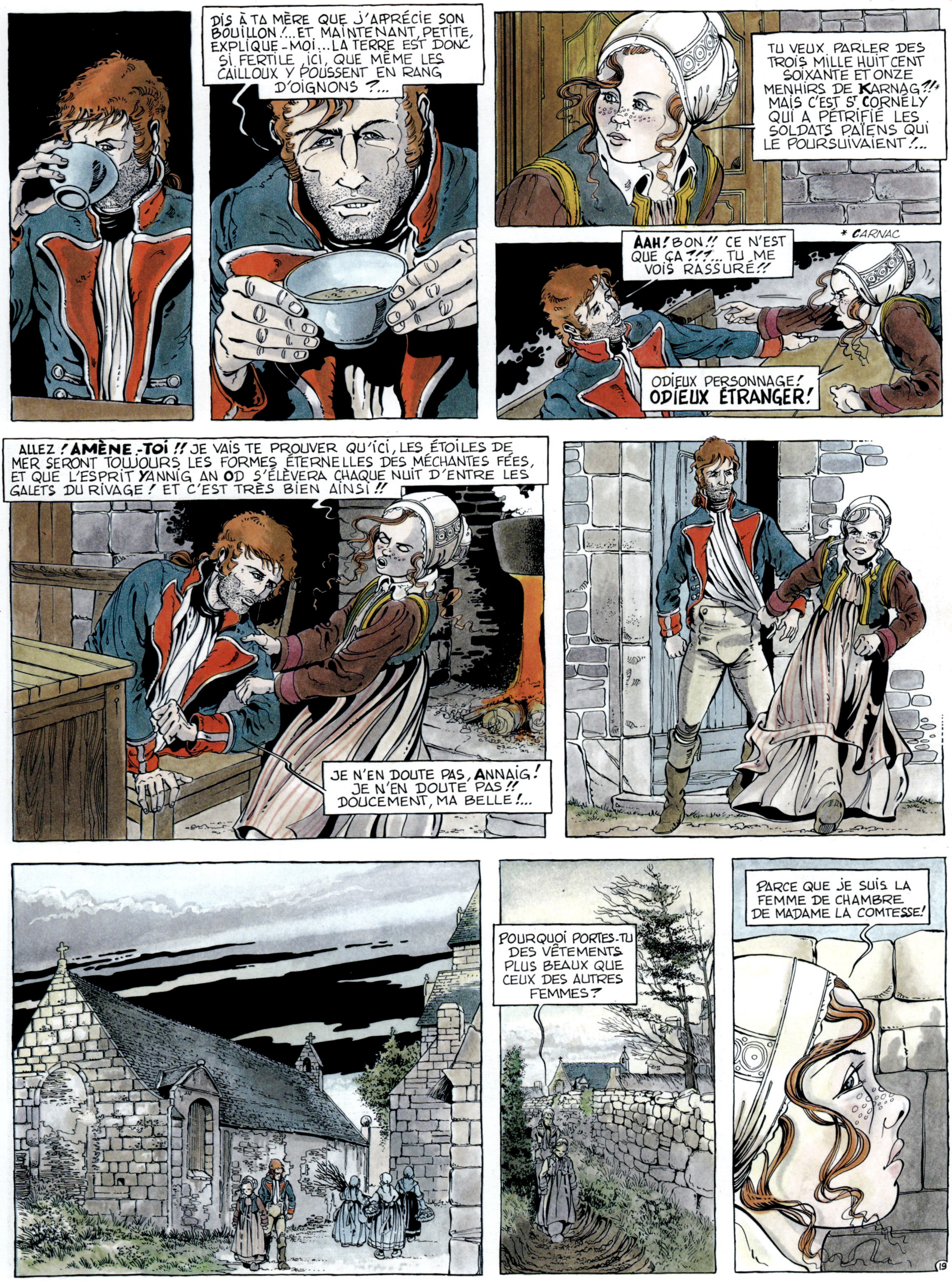
DIS À TA MÈRE QUE J'APPRÉCIE SON BOUILLON !... ET MAINTENANT, PETITE, EXPLIQUE-MOI... LA TERRE EST DONC SI FERTILE ICI, QUE MÊME LES CAILLOUX Y POUSSENT EN RANG D'OIGNONS ?...
TU VEUX PARLER DES TROIS MILLE HUIT CENT SOIXANTE ET ONZE MENHIRS DE KARNAG ?!* MAIS C'EST St CORNÉLY QUI A PÉTRIFIÉ LES SOLDATS PAÏENS QUI LE POURSUIVAIENT !...
* CARNAC
AAH ! BON !! CE N'EST QUE ÇA ?!?... TU ME VOIS RASSURÉ !!
ODIEUX PERSONNAGE ! ODIEUX ÉTRANGER !
ALLEZ ! AMÈNE-TOI !! JE VAIS TE PROUVER QU'ICI, LES ÉTOILES DE MER SERONT TOUJOURS LES FORMES ÉTERNELLES DES MÉCHANTES FÉES, ET QUE L'ESPRIT YANNIG AN OD S'ÉLÈVERA CHAQUE NUIT D'ENTRE LES GALETS DU RIVAGE ! ET C'EST TRÈS BIEN AINSI !!
JE N'EN DOUTE PAS, ANNAÏG ! JE N'EN DOUTE PAS !! DOUCEMENT, MA BELLE !...
POURQUOI PORTES-TU DES VÊTEMENTS PLUS BEAUX QUE CEUX DES AUTRES FEMMES ?
PARCE QUE JE SUIS LA FEMME DE CHAMBRE DE MADAME LA COMTESSE !

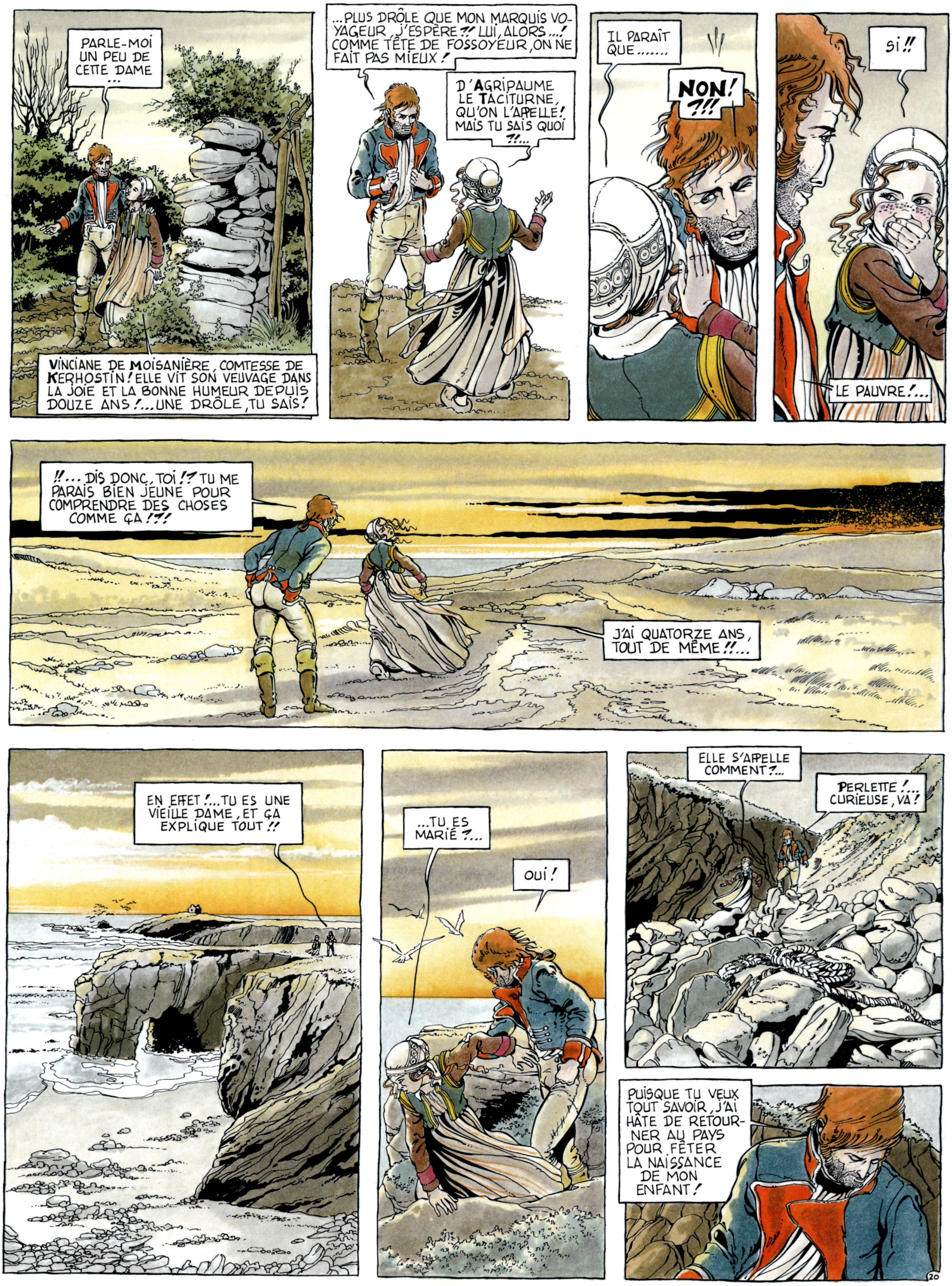

PARLE-MOI UN PEU DE CETTE DAME ...
VINCIANE DE MOISANIÈRE, COMTESSE DE KERHOSTIN! ELLE VIT SON VEUVAGE DANS LA JOIE ET LA BONNE HUMEUR DEPUIS DOUZE ANS!... UNE DRÔLE, TU SAIS!
...PLUS DRÔLE QUE MON MARQUIS VOYAGEUR, J'ESPÈRE?! LUI, ALORS...! COMME TÊTE DE FOSSOYEUR, ON NE FAIT PAS MIEUX!
D'AGRIPAUME LE TACITURNE, QU'ON L'APPELLE! MAIS TU SAIS QUOI ?!...
IL PARAÎT QUE.......
NON! ?!!
SI!!
LE PAUVRE!...
!!... DIS DONC, TOI!?! TU ME PARAIS BIEN JEUNE POUR COMPRENDRE DES CHOSES COMME ÇA!?!
J'AI QUATORZE ANS, TOUT DE MÊME!!...
EN EFFET!... TU ES UNE VIEILLE DAME, ET ÇA EXPLIQUE TOUT!!
...TU ES MARIÉ ?...
OUI!
ELLE S'APPELLE COMMENT?...
PERLETTE!... CURIEUSE, VA!
PUISQUE TU VEUX TOUT SAVOIR, J'AI HÂTE DE RETOURNER AU PAYS POUR FÊTER LA NAISSANCE DE MON ENFANT!

?!! TIENS?!! J'IGNORAIS QUE LES COLOMBES ÉTAIENT DES OISEAUX DE MER?!...
MAIS NON! C'EST LA COLOMBE PRÉFÉRÉE DE MON FRÈRE! GAËL N'EST SÛREMENT PAS LOIN... CET OISEAU LE SUIT PARTOUT!
ANNAÏG!!
NE RESTEZ PAS LÀ! LA MER MONTE ET POURRAIT BIEN VOUS SURPRENDRE!
QUE FAIS-TU ICI?...
OCCUPE-TOI DE TES AFFAIRES, PETITE SŒUR! ET LAISSE-MOI AUX MIENNES!
QU'EST-CE QU'IL MIJOTE?!... IL EST VRAIMENT BIZARRE, DEPUIS QUELQUE TEMPS!
ANNAÏG! QUELLES SONT CES SILHOUETTES, LÀ-BAS, SUR LA FALAISE? NE SERAIT-CE PAS CELLES DE TA COMTESSE ET DE MON MARQUIS?...
21

MAIS OUI...AH! J'Y SUIS!! C'EST LE GRAND JOUR! NOS AMIS ANGLAIS NOUS LIVRENT DES MUNITIONS, D'APRÈS CE QUE J'AI COMPRIS...!
QUOI, QUOI, QUOI ?!! "NOS AMIS ANGLAIS" ?!!
SUIS-MOI! VITE!! ON VA VOIR SANS ÊTRE VUS!
PERFIDE ALBION! SALAUDS...!
LES ENNEMIS DE NOS ENNEMIS SONT NOS AMIS !!
...DES AMIS TROP HEUREUX DE VOUS REMETTRE QUELQUES CAISSES DE MUNITIONS POUR ALIMENTER VOS "BROWN BESS", SANS DOUTE ?! DE BONS FUSILS POUR TIRER SUR VOS FRÈRES!
...EN PRIANT LE CIEL QUE QUIBERON NOUS PORTE, CETTE FOIS-CI, PLUS DE CHANCE QU'EN 1795, CHÈRE VINCIANE...
PENSEZ-VOUS VRAIMENT QU'IL FAILLE CONSIDÉRER LES RAISONS PROFONDES DE LA CHOUANNERIE DE 1795 ET CELLES DE 1815 SOUS LE MÊME ANGLE DE VUE, MON AMI ?...
LAISSEZ DONC MA PASSION POUR LE ROI S'ATTISER AU SOUFFLET DU RÊVE... ON DIT QUE, PARFOIS, LE RÊVE DEVIENT RÉALITÉ. ALORS, LAISSEZ-MOI ÉGALEMENT ESPÉRER...

REGARDE ! ILS SONT TOUS LÀ !... JOSEPH, LE FRÈRE DE GEORGES CADOUDAL ; LE VIEUX CHEVALIER MARGADEL, ET OLIVIER, LE FILS DE LA COMTESSE...
LE PETIT BOUCHER !... JE LE CONNAIS, CELUI-LÀ !...

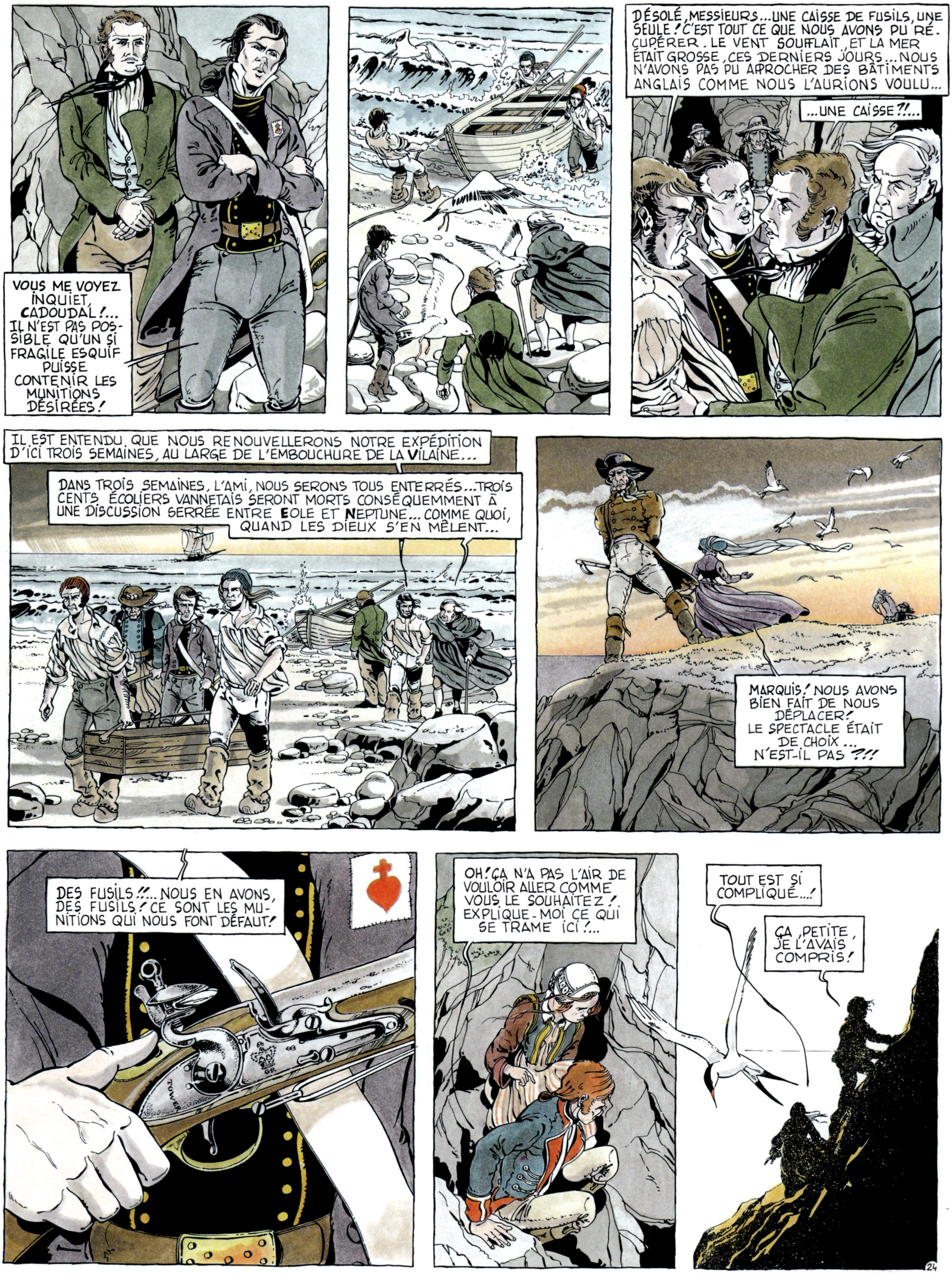
VOUS ME VOYEZ INQUIET, CADOUDAL !... IL N'EST PAS POSSIBLE QU'UN SI FRAGILE ESQUIF PUISSE CONTENIR LES MUNITIONS DÉSIRÉES !
DÉSOLÉ, MESSIEURS... UNE CAISSE DE FUSILS, UNE SEULE ! C'EST TOUT CE QUE NOUS AVONS PU RÉCUPÉRER. LE VENT SOUFFLAIT, ET LA MER ÉTAIT GROSSE, CES DERNIERS JOURS... NOUS N'AVONS PAS PU APPROCHER DES BÂTIMENTS ANGLAIS COMME NOUS L'AURIONS VOULU...
...UNE CAISSE ?!...
IL EST ENTENDU QUE NOUS RENOUVELLERONS NOTRE EXPÉDITION D'ICI TROIS SEMAINES, AU LARGE DE L'EMBOUCHURE DE LA VILAINE...
DANS TROIS SEMAINES, L'AMI, NOUS SERONS TOUS ENTERRÉS... TROIS CENTS ÉCOLIERS VANNETAIS SERONT MORTS CONSÉQUEMMENT À UNE DISCUSSION SERRÉE ENTRE EOLE ET NEPTUNE... COMME QUOI, QUAND LES DIEUX S'EN MÊLENT...
MARQUIS ! NOUS AVONS BIEN FAIT DE NOUS DÉPLACER ! LE SPECTACLE ÉTAIT DE CHOIX... N'EST-IL PAS ?!!
DES FUSILS !!... NOUS EN AVONS, DES FUSILS ! CE SONT LES MUNITIONS QUI NOUS FONT DÉFAUT !
OH ! ÇA N'A PAS L'AIR DE VOULOIR ALLER COMME VOUS LE SOUHAITEZ ! EXPLIQUE-MOI CE QUI SE TRAME ICI !...
TOUT EST SI COMPLIQUÉ...!
ÇA, PETITE, JE L'AVAIS COMPRIS !

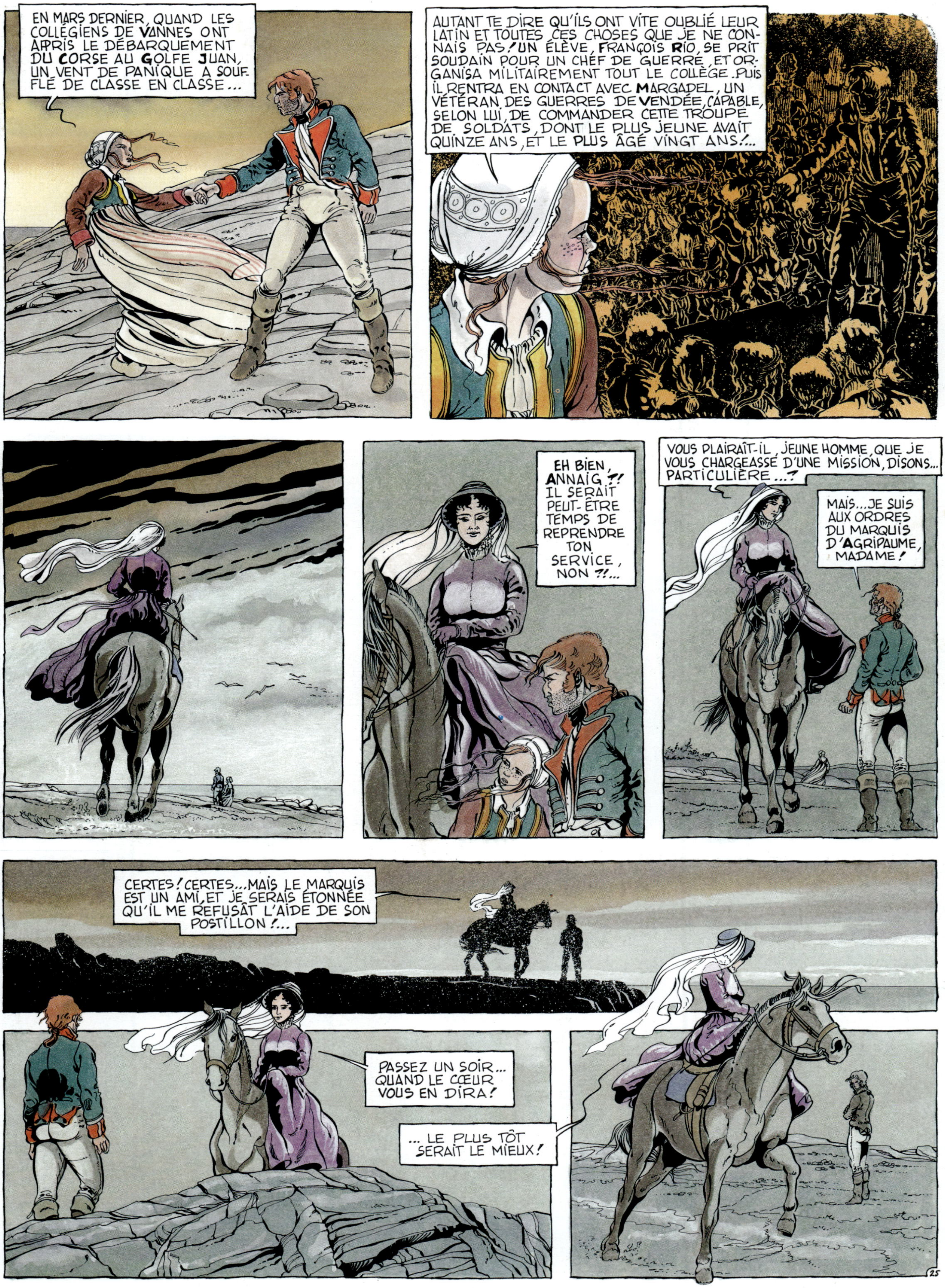
EN MARS DERNIER, QUAND LES COLLÉGIENS DE VANNES ONT APPRIS LE DÉBARQUEMENT DU CORSE AU GOLFE JUAN, UN VENT DE PANIQUE A SOUFFLÉ DE CLASSE EN CLASSE...
AUTANT TE DIRE QU'ILS ONT VITE OUBLIÉ LEUR LATIN ET TOUTES CES CHOSES QUE JE NE CONNAIS PAS! UN ÉLÈVE, FRANÇOIS RIO, SE PRIT SOUDAIN POUR UN CHEF DE GUERRE, ET ORGANISA MILITAIREMENT TOUT LE COLLÈGE. PUIS IL RENTRA EN CONTACT AVEC MARGADEL, UN VÉTÉRAN DES GUERRES DE VENDÉE, CAPABLE, SELON LUI, DE COMMANDER CETTE TROUPE DE SOLDATS, DONT LE PLUS JEUNE AVAIT QUINZE ANS, ET LE PLUS ÂGÉ VINGT ANS!...
EH BIEN, ANNAIG ?! IL SERAIT PEUT-ÊTRE TEMPS DE REPRENDRE TON SERVICE, NON ?!...
VOUS PLAIRAÎT-IL, JEUNE HOMME, QUE JE VOUS CHARGEASSE D'UNE MISSION, DISONS... PARTICULIÈRE...?
MAIS... JE SUIS AUX ORDRES DU MARQUIS D'AGRIPAUME, MADAME!
CERTES! CERTES... MAIS LE MARQUIS EST UN AMI, ET JE SERAIS ÉTONNÉE QU'IL ME REFUSÂT L'AIDE DE SON POSTILLON!...
PASSEZ UN SOIR... QUAND LE CŒUR VOUS EN DIRA!
... LE PLUS TÔT SERAIT LE MIEUX!
25

PEU APRÈS...
NE M'ATTENDEZ PAS POUR LE DÎNER, MA MÈRE ! UNE AFFAIRE URGENTE À RÉGLER... JE SERAI DE RETOUR DEMAIN !
QUELQUE AMOURETTE, JE PRÉSUME ?...
CERTAINEMENT PAS, MADAME ! SACHEZ QU'IL Y A CHOSE PLUS IMPORTANTE EN CE MOMENT QUE LES COTILLONS D'UNE PAYSANNE !
EST-CE DIEU OU LE DIABLE QUI M'ENVOIE UN TEL PRESSENTIMENT ?... POURQUOI SUIS-JE AUSSI SÛR QUE GAËL EST ACTUELLEMENT EN ROUTE POUR ELVEN ?!
YUH ! YUH ! LA LUNE SE LÈVE, CHEVAL, ET TE REGARDERA GALOPER JUSQU'À SON COUCHER !
!!... PLUS DE DOUTE ! C'EST LE DIABLE QUI M'A INSPIRÉ !... GAËL...! PETIT MORVEUX ! SI TU NE SAIS PAS TE MOUCHER TOUT SEUL, JE VAIS ME FAIRE UN PLAISIR DE T'APPRENDRE !...
...ET LA LUNE S'EST COUCHÉE... PEUT-ÊTRE RÊVERA-T-ELLE À DEUX CHEVAUX, L'UN SI BLANC, ET L'AUTRE SI SOMBRE, GUIDÉS PAR DIEU OU PAR LE DIABLE... À MOINS QU'IL S'AGISSE DES DEUX À LA FOIS ?... ON NE SAIT JAMAIS VRAIMENT CES CHOSES-LÀ...
26

HASTAN 'REZ!
COMMENT SAVAIS-TU QUE JE VIENDRAIS À ELVEN ?!
L'INTUITION !! SEULEMENT L'INTUITION !
REVIENS ICI LE TURLANDEC !

SALE PETIT BONAPARTISTE !
JE NE VEUX PAS DE TA GUERRE !!
JE NE SUIS PAS BONAPARTISTE !! ARRÊTE ! TU N'AS RIEN COMPRIS !...
JE COMPRENDS QUE "DOUE HAG AR ROUE", "DOUE HA MA BRO", "DIEU ET MON ROI", "DIEU ET MON PAYS" N'ONT PLUS AUCUNE SIGNIFICATION POUR TOI !
LE ROI ?! AH ! AHH ! PARLONS-EN, DU ROI !!
...BIEN TROP CONTENT D'AVOIR QUITTÉ SON PAYS !...
...BIEN TROP CONTENT D'OUBLIER LA PROMESSE QU'IL AVAIT FAITE DE NE PAS NOUS OUBLIER !...
28

TU BLASPHÈMES, PAYSAN!
MAIS VAS-TU TE RÉVEILLER, À LA FIN ?! VAS-TU T'AVOUER QUE TON COMBAT N'EST PAS MENÉ PAR AMOUR POUR UN ROI ?!
TU VEUX FAIRE LA GUERRE POUR NE PAS FAIRE LA GUERRE! VOILÀ!!
JE NE VEUX PAS CREVER POUR UN DÉMENT QUI S'EST LUI-MÊME POSÉ UNE COURONNE D'EMPEREUR SUR LA TÊTE! JE NE VEUX PAS QUE MON CORPS POURRISSE SOUS LE SOLEIL DE L'ESPAGNE OU SE RAIDISSE DANS LES EAUX DE LA BEREZINA! JE VEUX MOURIR ICI, CHEZ MOI!...
MOURIR LÀ OU AILLEURS...

DÉFAITISTE !!
LÂCHE CES MUNITIONS !!
DE QUEL DROIT ?!
DU DROIT QUE J'AI SUR TOI !... JE SUIS NOBLE, ET TU N'ES RIEN ! JE SUIS ARMÉ, ET TU NE L'ES PAS !!
LE VERMISSEAU QUE JE SUIS PRIE SA SEIGNEURIE DE BIEN VOULOIR LUI PARDONNER DE POSSÉDER UN SANG DE LA MÊME COULEUR QUE LE SIEN, ET DES TRIPES QUI FINIRONT UN JOUR DANS LA MÊME ABOMINABLE PUTRESCENCE QUE LES SIENNES...!
QUANT À VOTRE ARME, SEIGNEUR, VOUS M'ÉTONNEZ ! UN VULGAIRE SABRE BRIQUET VOLÉ À LA PIÉTAILLE RÉPUBLICAINE SIED MAL À UN COMTE DE KERHOSTIN !
IL TRANCHE POURTANT SI BIEN !...
CRON !
30

TU N'AURAIS PAS DÛ, COMTE! TU N'AURAIS PAS DÛ!!
JE NE SAIS PAS CE QUI ME RETIENT DE...
DONG... DONG...
DONG!
L'ANGÉLUS!...
ME HO SALUD MARI LEUN A C'HRAS. AN AOTROU DOUE 'ZO GANEOC'H...
C'EST ÇA! PRIE!!... PARCE QU'UN JOUR ...
...JE TE FERAI TELLEMENT MAL, QUE TU POURRAS PLUS JAMAIS T'AGENOUILLER DEVANT MADAME MARIE ET SON PETIT JÉSUS!...
BENNIGET OC'H DREIST AN HOLL WRAGEZ...
J'OUBLIE TOUT, OLIVIER... TOUT! NOS JEUX, NOS JOIES ET NOS TERREURS D'ENFANTS... NOS LARMES PARTAGÉES DEVANT LES TRENTE COUPS DE BÂTON DONNÉS À MON PÈRE PAR TON PÈRE...
À PRÉSENT, NOUS SOMMES DES HOMMES! BIENVENUE AU PAYS DES FOUS!! LE PAYS OÙ L'ON SAIT TUER ET PRIER AVEC LE MÊME ENTHOUSIASME!!
SANTEZ MARI, MAMM DA ZOUE.....
...ET AU PAYS DES FOUS, OLIVIER DE MOÏSANIÈRE EST DEVENU AVEUGLE...
LA BRUME S'ÉLÈVE, ÉCHAPPÉE DE LA TERRE COMME UNE ÂME D'UN CORPS... LA BRETAGNE SE MEURT, ET LE PETIT COMTE NE S'APERÇOIT DE RIEN!
EVEL-SE BEZET GRAET!*
*AINSI SOIT-IL!

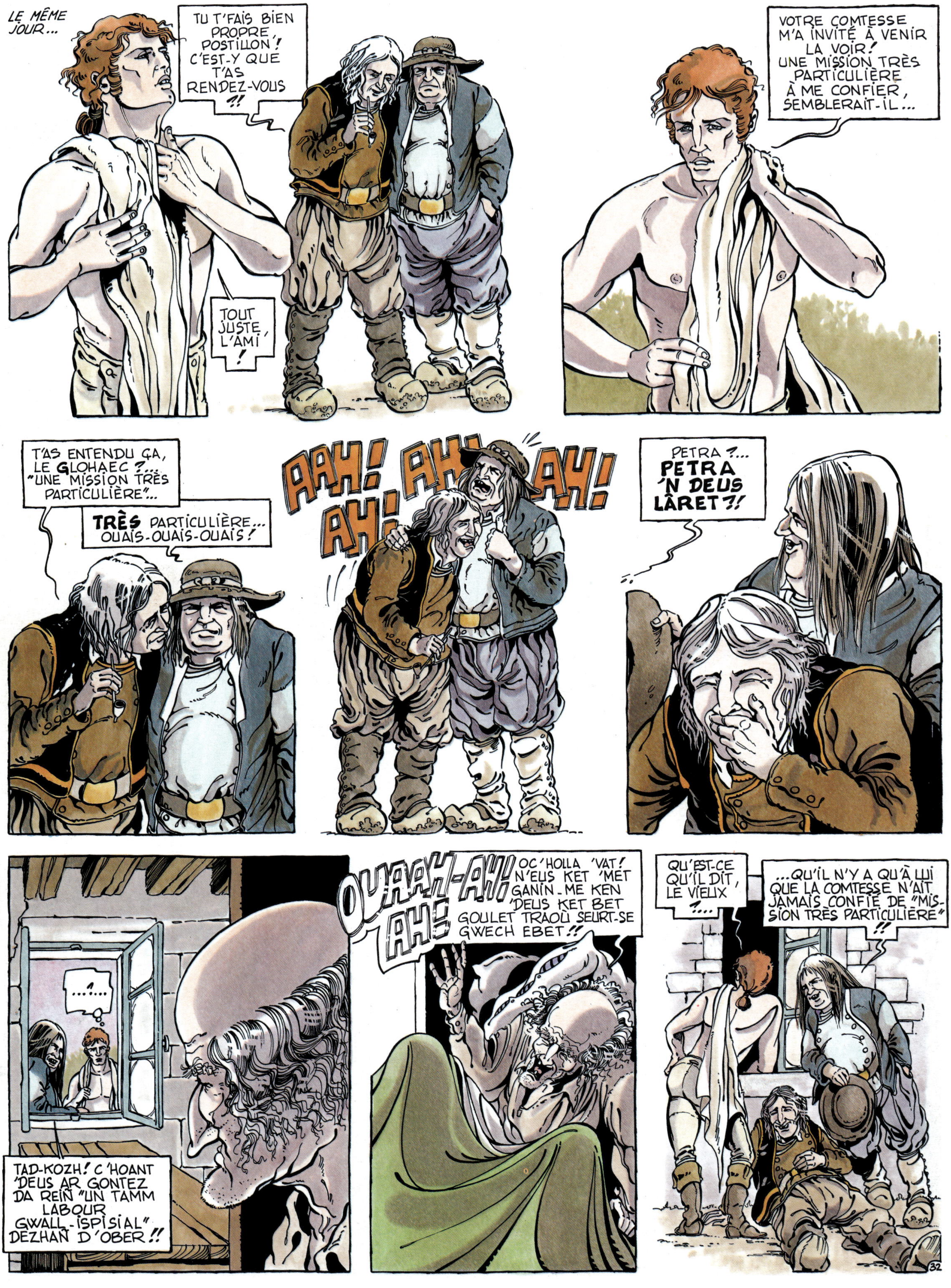
LE MÊME JOUR...
TU T'FAIS BIEN PROPRE, POSTILLON ! C'EST-Y QUE T'AS RENDEZ-VOUS ?!
TOUT JUSTE, L'AMI !
VOTRE COMTESSE M'A INVITÉ À VENIR LA VOIR ! UNE MISSION TRÈS PARTICULIÈRE À ME CONFIER, SEMBLERAIT-IL...
T'AS ENTENDU ÇA, LE GLOHAEC ?... "UNE MISSION TRÈS PARTICULIÈRE"...
TRÈS PARTICULIÈRE... OUAIS-OUAIS-OUAIS !
AAH! AH! AH! AH!
PETRA ?... PETRA 'N DEUS LÂRET ?!
...?...
TAD-KOZH ! C'HOANT 'DEUS AR GONTEZ DA REIN "UN TAMM LABOUR GWALL-ISPISIAL" DEZHAÑ D'OBER !!
OUAAH-AH! AH!
OC'HOLLA 'VAT ! N'EUS KET 'MET GANIN-ME KEN 'DEUS KET BET GOULET TRAOÙ SEURT-SE GWECH EBET !!
QU'EST-CE QU'IL DIT, LE VIEUX ?...
...QU'IL N'Y A QU'À LUI QUE LA COMTESSE N'AIT JAMAIS CONFIÉ DE "MISSION TRÈS PARTICULIÈRE" !!
32

ET À LA NUIT TOMBÉE...
JASMIN ?!... SERAIT-CE UNE PETITE FAIM QUI T'AMÈNE À CETTE HEURE DANS LES CUISINES ?!...
NON PAS !... TA MAÎTRESSE ME DEMANDE ! MAIS LE LARBIN QUE JE SUIS N'A PAS OSÉ FRANCHIR LE SEUIL DE LA GRANDE PORTE !
BON !... JE TE CONDUIS, ET JE TE SOUHAITE UNE BONNE SOIRÉE !...
?! EUH ! MERCI !
JUSTE UN CONSEIL, JASMIN BOURRACHE... LE DIABLE EST BEAU ! NE L'OUBLIE PAS !...
MAIS QU'EST-CE QUE VOUS AVEZ TOUS À VOUS ESCLAFFER OU À ME DONNER DES CONSEILS QUAND JE VOUS DIS SIMPLEMENT QUE LA COMTESSE DÉSIRE ME VOIR ?!
PAUVRE NAÏF !... VIENS ! C'EST LÀ-HAUT QU'ON RIGOLE !...
MADAME ! IL Y A LÀ LE POSTILLON DU MARQUIS D'AGRIPAUME QUI...
FAIS ENTRER, ANNAIG ! ET LAISSE-NOUS...
JE... JE... HUM !... JE VOUS DÉRANGE, MADAME, SANS AUCUN DOUTE...
"ME DÉRANGER" N'EST PAS L'EXPRESSION APPROPRIÉE...
..."ME BOULEVERSER" EUT ÉTÉ PLUS JUSTE...
33

OSERAIS-JE VOUS RAPELER, MADAME, QUE JE NE SUIS QU'UN VALET ?...
IL Y A CERTAINS DOMAINES OÙ LE VALET SUPLANTE LE PRINCE...
SI LA MISSION QUE VOUS DÉSIREZ ME CONFIER EST DE ME SUBSTITUER À UN PRINCE POUR QUELQUES INSTANTS, JE SUIS AU REGRET DE NE POUVOIR ACCEPTER!
VOYEZ-VOUS CELA ?!...
TOUT AGRÉABLE QUE PUISSE ÊTRE MA PROPOSITION, VOUS LA DÉNIERIEZ ?...
JE SUIS MARIÉ...
AH! LES VOICI DONC, LES BEAUX SCRUPULES DES PETITES GENS!! "JE SUIS MARIÉ..."! ILS VOUS LANCENT CETTE BANALITÉ AU VISAGE COMME S'IL S'AGISSAIT D'UNE FORMULE MAGIQUE! C'EST TROP DRÔLE!!
J'AIME PERLETTE, MADAME...
...PARCE QU'ELLE S'APPELLE PERLETTE ?...
OUI, ELLE S'APPELLE PERLETTE... ET À CET INSTANT PRÉCIS, À CENT LIEUES DE LA BRETAGNE, ELLE S'EN RETOURNE AU RELAIS DE POSTE EN LONGEANT L'ORÉE DU BOIS...
OOH...!
J'AI MAL... J'AI MAL!! LE BÉBÉ...! NON! PAS ICI!! PAS MAINTENANT!?
MON DIEU! MON DIEU!!...
MON DIEU! MON PETIT BOURRACHE...! OUBLIEZ-LA DONC UN COURT MOMENT... VOUS NE L'EN AIMEREZ NI PLUS, NI MOINS...
34

GARCE !!
IL EST TARD, ET LA PERLETTE N'EST PAS ENCORE LÀ !... DANS SON ÉTAT, ÇA COMMENCE À M'INQUIÉTER !...
MAMAN AMÉLIE ! VIENS VITE !! PERLETTE FAIT SES BÉBÉS DANS LE BOIS !!
HEIN ?! QUOI ?!? SES BÉBÉS ?!?... MAIS QU'EST-CE QUE TU RACONTES, TOI ?!
C'EST PAS DES FARCES ! VIENS ! VIENS !! C'EST L'ANGE QUI M'A TOUT DIT !
L'ANGE ?! QUEL ANGE ?!
L'ANGE DE PIERRE, SUR LA TOMBE... MAIS DÉPÊCHE-TOI !
...QUAND JE VAIS DIRE À FEUILLARD QU'ON A UNE SAINTE À LA MAISON, IL VA ROULER DE DRÔLES DE Z'YEUX !
MAIS JE SUIS PAS UNE SAINTE ! JE PARLE AVEC L'ANGE, C'EST TOUT !...
BIEN SÛR !! TOUT ÇA EST TRÈS NATUREL, VOYONS !...
35

TAIS-TOI, MAMAN 'MÉLIE!... ÉCOUTE!
MMMH... MHH...
PERLETTE!
POUSSE, MA FILLE! POUSSE!!
REGARDE ÇA, MA PETIOTE!... DEUX BEAUX JÉSUS!! DES VRAIS JUMEAUX!!
VITE, MA TANTE! FAIS LE NÉCESSAIRE, MAINTENANT!... JE SUIS ÉPUISÉE...
MA "MISSION" ÉTANT ACCOMPLIE, JE VOUS DEMANDERAI, MADAME, L'AUTORISATION DE REGAGNER LA PAILLE DES ÉCURIES...
J'ALLAIS VOUS EN PRIER, MON PETIT BOURRACHE... JE SUIS ÉPUISÉE!...
8 JUIN 1815...
PENSEZ-VOUS VRAIMENT QU'UNE BANDE D'ENFANTS COMMANDÉE PAR UN SÉMINARISTE PUISSE ASSURER LA PROTECTION D'UN DÉBARQUEMENT D'ARMES?...
VOUS OUBLIEZ LEUR RÉCENTE VICTOIRE PRÈS DE Ste-ANNE-D'AURAY, MA CHÈRE AMIE! ET PUIS, SI UN SÉMINARISTE EST LE CAPITAINE DE LA COMPAGNIE DES ESCOLIERS, IL N'EN RESTE PAS MOINS QUE DE SOL DE GRISOLLES* EST LEUR GÉNÉRAL!
VEILLEZ SUR OLIVIER, D'AGRIPAUME... JE N'AI QU'UNE CONFIANCE TRÈS RELATIVE EN CE JEUNE FOU...
S'IL M'EST PERMIS DE LE RENCONTRER, JE VOUS PROMETS DE LUI FAIRE PART DE VOS INQUIÉTUDES!
*ANCIEN CHEF DE LA DIVISION ROYALISTE DE REDON ET LA ROCHE-BERNARD.
36

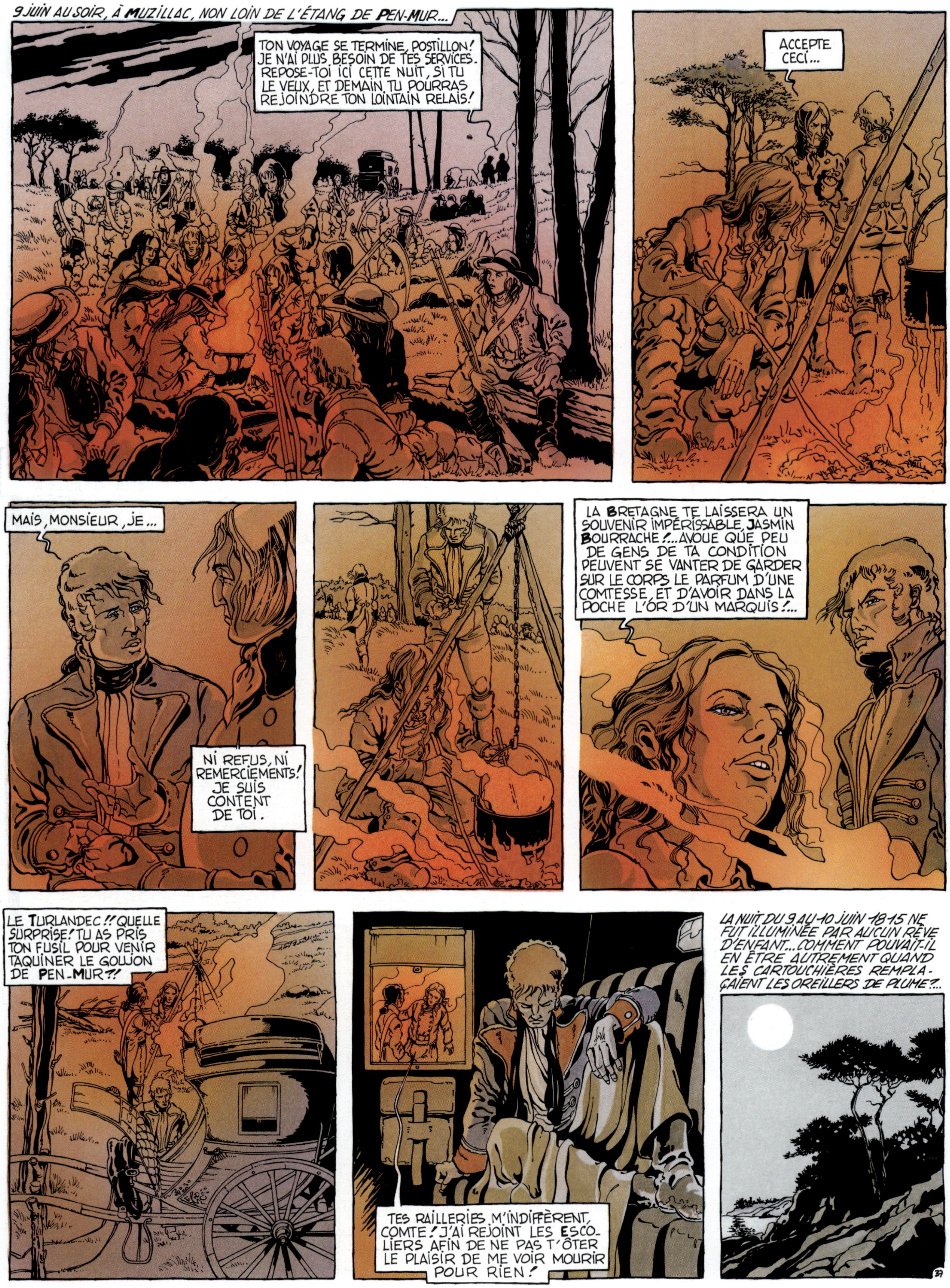

9 JUIN AU SOIR, À MUZILLAC, NON LOIN DE L'ÉTANG DE PEN-MUR...
TON VOYAGE SE TERMINE, POSTILLON ! JE N'AI PLUS BESOIN DE TES SERVICES. REPOSE-TOI ICI CETTE NUIT, SI TU LE VEUX, ET DEMAIN, TU POURRAS REJOINDRE TON LOINTAIN RELAIS !
ACCEPTE CECI...
MAIS, MONSIEUR, JE...
NI REFUS, NI REMERCIEMENTS ! JE SUIS CONTENT DE TOI.
LA BRETAGNE TE LAISSERA UN SOUVENIR IMPÉRISSABLE, JASMIN BOURRACHE !... AVOUE QUE PEU DE GENS DE TA CONDITION PEUVENT SE VANTER DE GARDER SUR LE CORPS LE PARFUM D'UNE COMTESSE, ET D'AVOIR DANS LA POCHE L'OR D'UN MARQUIS !...
LE TURLANDEC !! QUELLE SURPRISE ! TU AS PRIS TON FUSIL POUR VENIR TAQUINER LE GOUJON DE PEN-MUR ?!
TES RAILLERIES M'INDIFFÈRENT, COMTE ! J'AI REJOINT LES ESCOLIERS AFIN DE NE PAS T'ÔTER LE PLAISIR DE ME VOIR MOURIR POUR RIEN !
LA NUIT DU 9 AU 10 JUIN 1815 NE FUT ILLUMINÉE PAR AUCUN RÊVE D'ENFANT... COMMENT POUVAIT-IL EN ÊTRE AUTREMENT QUAND LES CARTOUCHIÈRES REMPLAÇAIENT LES OREILLERS DE PLUME ?...

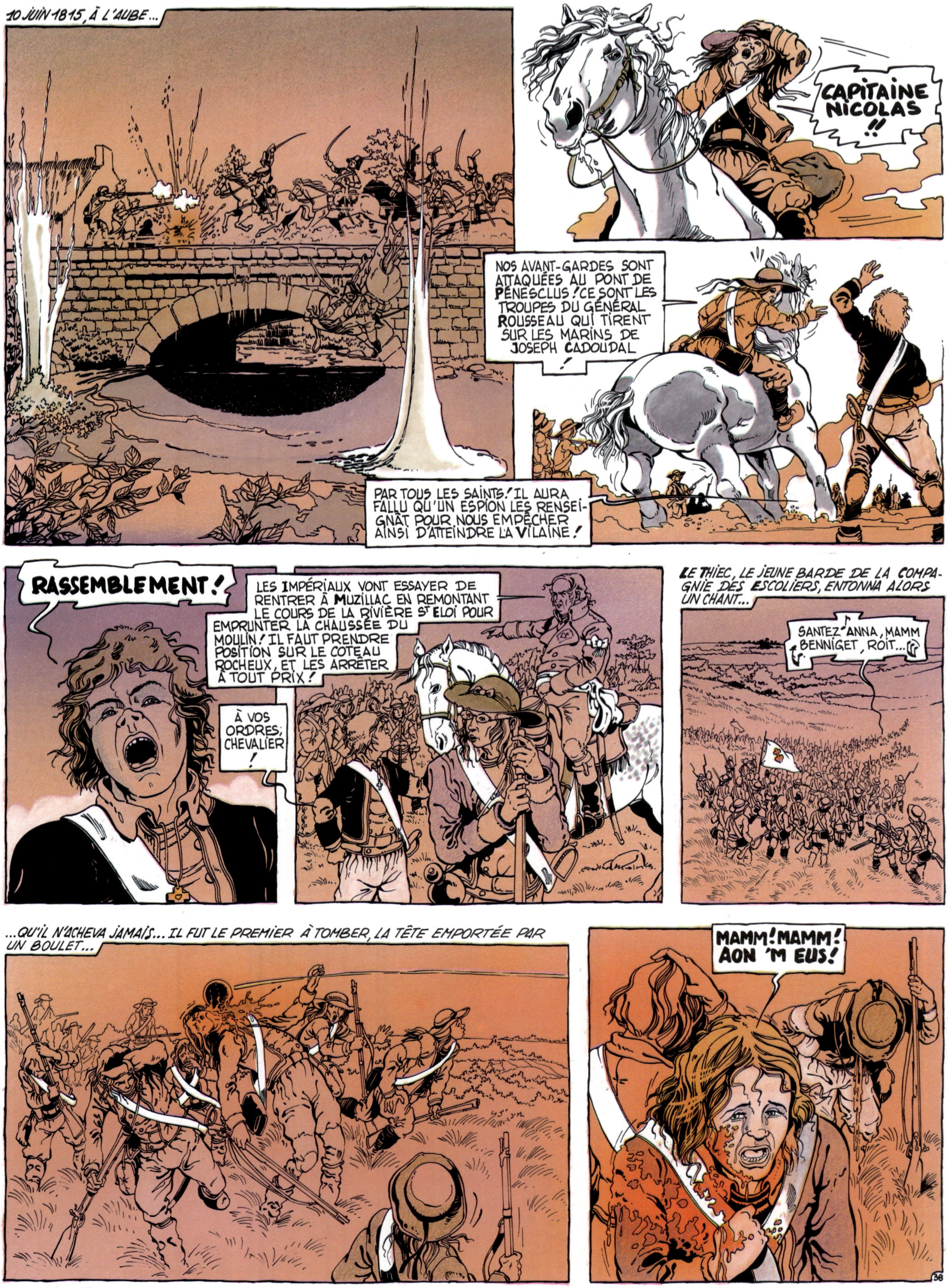
10 JUIN 1815, À L'AUBE...
CAPITAINE NICOLAS !!
NOS AVANT-GARDES SONT ATTAQUÉES AU PONT DE PÉNESCLUS ! CE SONT LES TROUPES DU GÉNÉRAL ROUSSEAU QUI TIRENT SUR LES MARINS DE JOSEPH CADOUDAL !
PAR TOUS LES SAINTS ! IL AURA FALLU QU'UN ESPION LES RENSEIGNÂT POUR NOUS EMPÊCHER AINSI D'ATTEINDRE LA VILAINE !
RASSEMBLEMENT !
LES IMPÉRIAUX VONT ESSAYER DE RENTRER À MUZILLAC EN REMONTANT LE COURS DE LA RIVIÈRE ST ELOI POUR EMPRUNTER LA CHAUSSÉE DU MOULIN ! IL FAUT PRENDRE POSITION SUR LE COTEAU ROCHEUX, ET LES ARRÊTER À TOUT PRIX !
À VOS ORDRES, CHEVALIER !
LE THIEC, LE JEUNE BARDE DE LA COMPAGNIE DES ESCOLIERS, ENTONNA ALORS UN CHANT...
SANTEZ ANNA, MAMM BENNIGET, ROÏT...
...QU'IL N'ACHEVA JAMAIS... IL FUT LE PREMIER À TOMBER, LA TÊTE EMPORTÉE PAR UN BOULET...
MAMM ! MAMM ! AON 'M EUS !
38

*AUTHENTIQUE.

LES IMPÉRIAUX VENAIENT DE RECEVOIR L'ORDRE D'ESCALADER LE COTEAU...
LE SÉMINARISTE NICOLAS, CAPITAINE DE CETTE SINGULIÈRE COMPAGNIE, FUT LA SECONDE VICTIME DU COMBAT...
SON FRÈRE NE DEVAIT PAS TARDER À LE REJOINDRE DANS LA MORT...
PLUS BAS, LE LONG DE LA RIVIÈRE...
ALORS ?! QU'EST-CE QU'ON DIT ?!
...VOTRE PAYSAN VOUS REMERCIE, MON BON MAÎTRE !!

FUMIERS D'IMPÉRIAUX! VOUS AVEZ TUÉ MON GAËL !!
ALORS ?!... TU ES CONTENT, J'ESPÈRE ?... JE SUIS EN TRAIN DE CREVER, TU VOIS... MAIS QU'EST-CE QUE ÇA FAIT, PUISQUE JE NE SUIS RIEN... TU ME L'AS DIT !...
GAËL ! GAËL ! IL FAUT ME PARDONNER !!
...TOUT D'UN BLOC, HEIN ?! PARCE QUE... POUR LE DÉTAIL, J'AI PAS LE TEMPS...
IL Y A POURTANT UNE CHOSE QUE JE... JE NE PEUX PAS PARDONNER...
LAQUELLE ?!
LA ...
LA QUOI ?! PARLE !!
PARL...
SOUDAIN, LES TROUPES IMPÉRIALES SONNÈRENT LA RETRAITE ... SUR LES ORDRES DE DE SOL DE GRISOLLES, LE MEUNIER GAM-BERR ARRIVAIT À LA RESCOUSSE AVEC SA BANDE DE CHOUANS EN AVAL DE LA RIVIÈRE...
AU SOIR DE LA BATAILLE, LES MUZILLACAIS EXPRIMÈRENT LEUR JOIE, MAIS LES ESCOLIERS NE LA PARTAGÈRENT PAS... AU CIMETIÈRE DE BOURG-POL, ON VENAIT DE CREUSER UNE FOSSE COMMUNE...
LA CHOUETTE S'EST RÉVEILLÉE, LA CHOUETTE S'EST RENDORMIE... PLEURONS SUR SES PETITS ! PLEURONS SUR TOI, GAËL, ET TOI, LE THIEC... SUR VOUS, LES FRÈRES NICOLAS, ET SUR VOUS, MALO, JOËL, RONAN, LAOUENAN !...
41

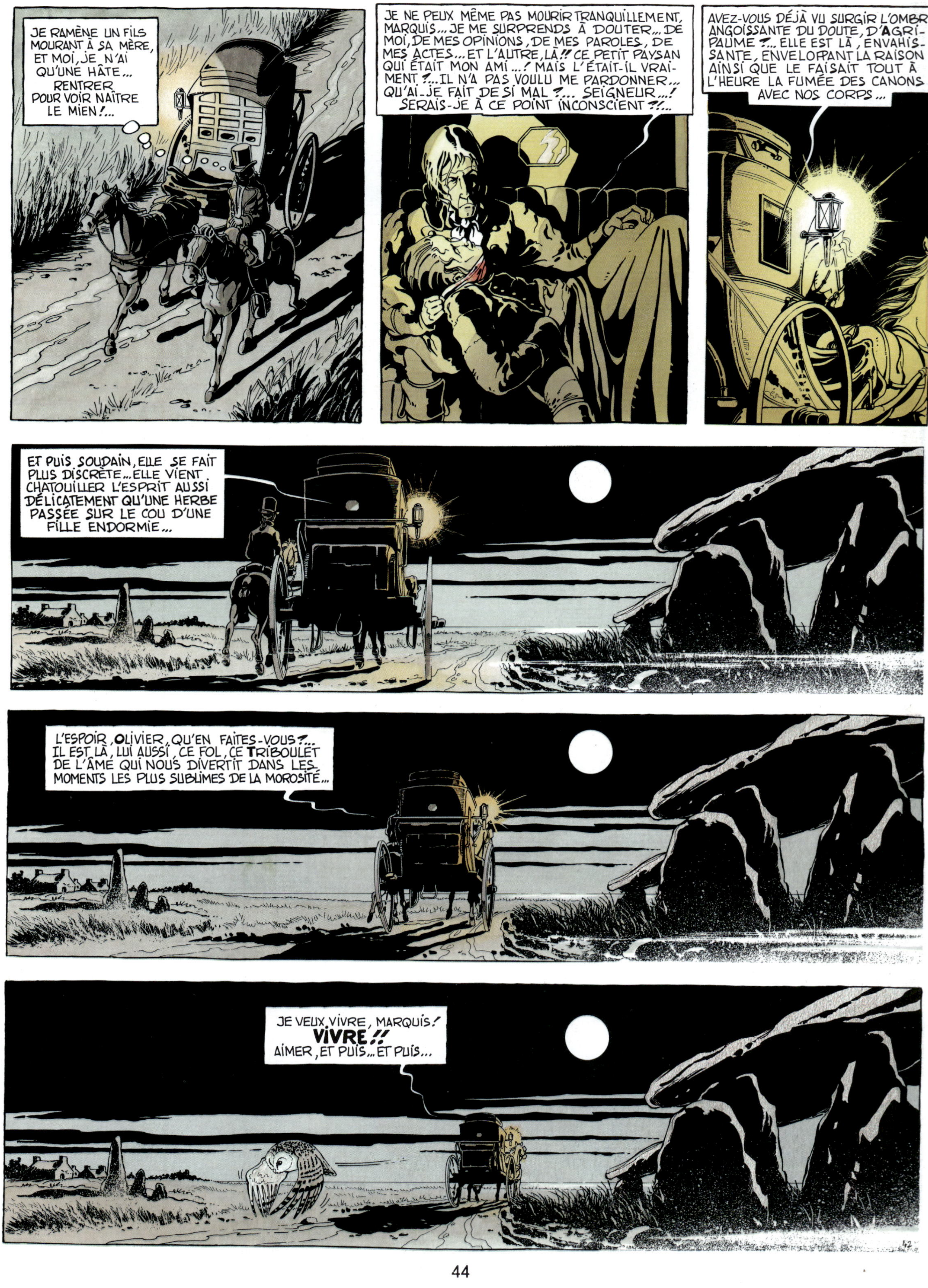

JE RAMÈNE UN FILS MOURANT À SA MÈRE, ET MOI, JE N'AI QU'UNE HÂTE... RENTRER POUR VOIR NAÎTRE LE MIEN !...
JE NE PEUX MÊME PAS MOURIR TRANQUILLEMENT, MARQUIS... JE ME SURPRENDS À DOUTER... DE MOI, DE MES OPINIONS, DE MES PAROLES, DE MES ACTES... ET L'AUTRE, LÀ !! CE PETIT PAYSAN QUI ÉTAIT MON AMI... ! MAIS L'ÉTAIT-IL VRAIMENT ?!... IL N'A PAS VOULU ME PARDONNER... QU'AI-JE FAIT DE SI MAL ?... SEIGNEUR... ! SERAIS-JE À CE POINT INCONSCIENT ?!...
AVEZ-VOUS DÉJÀ VU SURGIR L'OMBRE ANGOISSANTE DU DOUTE, D'AGRIPAUME ?... ELLE EST LÀ, ENVAHISSANTE, ENVELOPPANT LA RAISON AINSI QUE LE FAISAIT TOUT À L'HEURE LA FUMÉE DES CANONS AVEC NOS CORPS...
ET PUIS SOUDAIN, ELLE SE FAIT PLUS DISCRÈTE... ELLE VIENT CHATOUILLER L'ESPRIT AUSSI DÉLICATEMENT QU'UNE HERBE PASSÉE SUR LE COU D'UNE FILLE ENDORMIE...
L'ESPOIR, OLIVIER, QU'EN FAITES-VOUS ?... IL EST LÀ, LUI AUSSI, CE FOL, CE TRIBOULET DE L'ÂME QUI NOUS DIVERTIT DANS LES MOMENTS LES PLUS SUBLIMES DE LA MOROSITÉ...
JE VEUX VIVRE, MARQUIS ! VIVRE !! AIMER, ET PUIS... ET PUIS...

MOURIR... MOURIR SANS AVOIR VÉCU!... DÉCIDÉMENT, LE CIEL EST TROP INJUSTE...
LE CIEL A SES RAISONS, MADAME! ET QUELLE IMPORTANCE S'IL FAIT GRISE MINE AUJOURD'HUI, PUISQUE J'AI FAIT MON LIT SUR UNE ÉTOILE, AU-DELÀ DES BROUILLARDS DE CE MONDE...
...OÙ JE RETOMBE SI SOUVENT PAR VOTRE FAUTE...
JE VOUS EN PRIE MARQUIS!
NON! NON... LAISSEZ-MOI POURSUIVRE... IL FAUT QUE VOUS SACHIEZ! QUE VOUS SACHIEZ... QUE CHAQUE SOIR IL EST L'HEURE POUR MOI DE DESCENDRE AUX DIVINS ENFERS DE MES CARESSES IMAGINÉES...
CE N'EST NI LE LIEU, NI LE MOMENT, ME SEMBLE-T-IL!?
...PUIS JE ME HISSE VERS LA LUMIÈRE, ET ME PERDS DANS L'INFINI, LOIN DE LA TRISTESSE DE LA TERRE, AVEC POUR TOUT BAGAGE UN AMOUR SI VASTE, QUE VOUS RISQUERIEZ DE NE JAMAIS RETROUVER VOTRE UNIVERS SI VOUS Y PÉNÉTRIEZ...
MAIS VOUS ÊTES... VOUS ÊTES RIDICULE!!
JE SAIS...! UN HOMME QUI AVOUE SA PASSION À UNE FEMME QUI NE L'AIME PAS EST TOUJOURS RIDICULE...
CEPENDANT, SI VOUS DAIGNIEZ M'ÉCOUTER, JE...
IL SUFFIT D'AGRIPAUME!! RELEVEZ-VOUS!
...NE DIT-ON PAS QUE VOUS ÊTES IMPUISSANT?...
...VOUS N'AURIEZ PAS DÛ...
43

SI MON CORPS EST SANS VIGUEUR, SACHEZ QUE MON ÂME EST PUISSANTE ! JE NE LA MAÎTRISE JAMAIS TOUT À FAIT, D'AILLEURS !
VOUS... VOUS ME FAITES MAL !
MEURS !! VOICI UNE JOUISSANCE QUE JE SERAI LE SEUL À T'AVOIR DONNÉE !
AAAAAAHH...HHH...
C'EST LUI QUI L'A TUÉE ?!
!?...MOI ?!
IMPUISSANT ET MENTEUR ! TOUTES LES QUALITÉS !!
FAIS TON DEVOIR, YANNIG AR SORSER !...

QUE VAS-TU FAIRE DE MOI ?!
...TE JETER AU FOND DES OUBLIETTES, POSTILLON!
MAIS JE N'AI PAS TUÉ LA COMTESSE!
JE SAIS BIEN QUE CE N'EST PAS TOI QUI AS TUÉ LA PUTAIN! CEPENDANT, JE DOIS OBÉISSANCE AU MARQUIS... SINON, JE PERDS MES POUVOIRS!
QU'EST-CE QUE TU ME CHANTES ?!... QUELS POUVOIRS DÉTIENS-TU DONC ?!
ON M'APPELLE YANNIG AR SORSER, AUTREMENT DIT, YANNIG LE SORCIER! TU COMPRENDS ?!...
NON! RIEN DU TOUT!! JE NE VOIS PAS COMMENT UN SORCIER POURRAIT PERDRE SES POUVOIRS EN DÉSOBÉISSANT À UN MARQUIS!
ÇA NE FAIT RIEN... CHERCHE PAS! MOI, JE DOIS TE BALANCER DANS LE VIDE, ET JE LE FERAI! TOUTEFOIS...
...TOUTEFOIS ?!...
...JE NE DÉSOBÉIS EN RIEN SI JE TE FAIS FAIRE LA MOUETTE SANS TES LIENS...
MAIS NE TE RÉJOUIS PAS TROP VITE! TU ENTENDS, LÀ-DESSOUS, LE BRUIT SOURD D'UNE LOURDE PORTE QU'ON FERME ?!... C'EST LA MER QUI VIENT FRAPPER LE FOND DES CAVITÉS ROCHEUSES... TA CARCASSE N'Y RÉSISTERA PAS!
BON VOYAGE, L'AMI!

JASMIN! JASMIN! ...
KARANTEZ 'M EUS 'VIDOUT, JASMIN!
PERLETTE! PERLETTE!
JE T'AIME, PERLETTE!
TU RENTRES DÉJÀ, MA PERLETTE ?! LA NUIT EST POURTANT SI DOUCE!
J'AI FROID, MA TANTE...
...TELLEMENT FROID, SOUDAIN...
J. SAVEY 10/02/92